ALMANACH

DE

TOUT LE MONDE

POUR

1853.

Prix : 50 centimes.

A PARIS,

CHEZ Mme BREAU, ÉDITEUR-LIBRAIRE.

144, rue du Bac.

ALMANACH

DE

TOUT LE MONDE

POUR

1853.

A PARIS,

CHEZ Mme BREAU, ÉDITEUR-LIBRAIRE.

SOMMAIRE DE CE QUE CONTIENT L'ALMANACH.

Annuaire de l'année. — Quatre temps, comput ecclésiastique. — Fêtes mobiles. — Commencement des quatre saisons. — Dates des éclipses. — Travaux horticoles de l'année. — Prédictions journalières. — Géographie et statistique de la France. — Conservation par le charbon de bois. — Poudre désinfectante des matières fécales. — Salaison du lard. — Conservation des jambons. — Procédé contre la formation du salpêtre. — Procédés pour conserver les fruits et les œufs. — Moyen employé par les Chinois. — Conservation du vin de Bourgogne. — Moyen pour enlever les tâches de cambouis et les boues des routes. — Encre à marquer le linge. — Encre noire ordinaire. — Guide des gardes-malades. — Des tisanes en général, manière de les faire, leur emploi, le bien qu'elles peuvent faire. — Gourmandise chez les hommes faits, attentat sur Vitellius, une orgie romaine, la reconnaissance de la gourmandise. — L'empereur Napoléon. — Ecoles d'apprentis. — Résumé chronologique des inventions et découvertes. — Livre de compte de la sœur d'Henri IV. — Grande taverne de la Bourse. — Liste de MM. les sénateurs. — Liste de MM. les députés. — Liste de MM. les membres du conseil d'Etat. — Tableau des foires des départements. — Fêtes des environs de Paris.

Paris, Imp. de Poussielgue, Masson et Ce, rue Croix-des-Petits-Champs, 29.

ANNUAIRE

DE L'ANNÉE 1853.

Année de la période julienne. 6566
Depuis la première olympiade jusqu'en juillet. . . . 2629
De la fondation de Rome, selon Varron. 2606
De l'ère de Nabonnasar, depuis février. 2600
De la naissance de Jésus-Christ. 1853
L'année des Turcs commence le 15 octobre 1852, et finit le 3 octobre 1853. 1269

Quatre Temps.

Nombre d'or.	11
Épacte	XX
Cycle solaire.	14
Indiction romaine . .	11
Lettre dominicale. . .	B

Comput Ecclésiastique.

Février. . .	16, 18 et 19.
Mai.	18, 20 et 21.
Septembre .	21, 23 et 24.
Décembre .	14, 16 et 17.

Fêtes Mobiles.

Septuagésime, 23 janvier.
Les Cendres, 9 février.
Pâques, 27 mars.
Les Rogations, 2, 3 et 4 mai.
Ascension, 5 mai.
Pentecôte, 15 mai.
La Trinité, 22 mai.
La Fête-Dieu, 26 mai.
Premier dimanche de l'Avent, 27 novembre.

Commencement des Quatre Saisons.

TEMPS MOYEN DE PARIS.

Printemps, le 20 mars, à 4 heures 34 minutes du soir.
Été, le 21 juin, à 1 heure 33 minutes du soir.
Automne, le 23 septembre, à 3 heures 46 minutes du matin.
Hiver, le 21 décembre, à 9 heures 21 minutes du soir.

ÉCLIPSES.

6 juin 1853 :

Éclipse annulaire de soleil, invisible à Paris.

Commencement de l'éclipse générale à 5 heures 16 minutes du soir, temps moyen de Paris.

Commencement de l'éclipse centrale et annulaire à 6 heures 27 minutes.

Éclipse centrale et annulaire au méridien à 8 heures 7 minutes.

Fin de l'éclipse centrale et annulaire à 10 heures 6 minutes.

Fin de l'éclipse générale à 11 heures 16 minutes.

21 juin 1853 :

Éclipse partielle de lune, invisible à Paris.

Commencement de l'éclipse à 5 heures 22 minutes 3 secondes du matin.

Milieu de l'éclipse à 6 heures 10 minutes 7 secondes.

Fin de l'éclipse à 6 heures 59 minutes.

30 novembre 1853 :

Éclipse totale de soleil, invisible à Paris.

Commencement de l'éclipse générale à 4 heures 47 minutes du soir.

Commencement de l'éclipse centrale et totale à 5 heures 43 minutes.

Éclipse centrale et totale au méridien à 7 heures 20 minutes.

Fin de l'éclipse centrale et totale à 9 heures 6 minutes.

Fin de l'éclipse générale à 10 heures 2 minutes.

JANVIER.

JOURS de l'ann.	du mois.		FÊTES.	SOLEIL lever.		couch.	
1	1	sam	Circoncision	7	56	4	12
2	2	D.	s Basile, évêque	7	56	4	13
3	3	lund	ste Geneviève	7	56	4	14
4	4	mar	s Rigobert	7	56	4	15
5	5	merc	s Siméon	7	56	4	16
6	6	jeud	Epiphanie	7	56	4	17
7	7	ven	ste Mélanie	7	55	4	19
8	8	sam	s Lucien	7	55	4	20
9	9	D.	s Adrien	7	54	4	21
10	10	lun	s Paul, ermite	7	54	4	22
11	11	mar	s Théodose	7	54	4	24
12	12	merc	s Arcade, martyr	7	53	4	25
13	13	jeud	Baptême de J.-C.	7	52	4	26
14	14	ven	s Hilaire	7	52	4	28
15	15	sam	s Maur	7	51	4	29
16	16	D.	s Guillaume	7	50	4	31
17	17	lun	s Antoine, abbé	7	50	4	32
18	18	mar	Ch. s Paul à Rome	7	49	4	34
19	19	merc	s Sulpice, évêque	7	48	4	35
20	20	jeud	s Sébastien, martyr	7	47	4	37
21	21	ven	ste Agnès	7	46	4	38
22	22	sam	s Vincent, martyr	7	45	4	40
23	23	D.	*Septuagésime*	7	44	4	41
24	24	lun	s Babylas	7	43	4	43
25	25	mar	Conversion de s Paul	7	42	4	44
26	26	merc	ste Paule, vierge	7	41	4	46
27	27	jeud	s Thiery	7	39	4	48
28	28	ven	s Charlemagne	7	38	4	49
29	29	sam	s François de Sales	7	37	4	51
30	30	D.	*Sexagésime*	7	36	4	52
31	31	lun	ste Marcelle	7	34	4	54

Les jours croissent de 22 minutes le matin et 42 le soir.
Le 15, 8 heures 38 m. de jour; 15 heures 22 minutes de nuit.

D. Q. le 2, à 10 h. 4 m. du soir.
N. L. le 9, à 4 h. 3 m. du soir.
P. Q. le 17, à 5 h. 39 m. du matin.
P. L. le 25, à 5 h. 59 m. du matin.

FÉVRIER.

JOURS de l'ann.	du mois.		FÊTES.	SOLEIL lever.		couch.	
32	1	mar	s Ignace, martyr	7	33	4	56
33	2	merc	PURIFICATION.	7	32	4	57
34	3	jeudi	s Blaise	7	30	4	59
35	4	ven	s Philéas	7	29	5	1
36	5	sam	ste Agathe	7	27	5	2
37	6	D.	*Quinquagésime*	7	26	5	4
38	7	lun	s Romuald	7	24	5	6
39	8	mar	s Jean de Mat.	7	23	5	7
40	9	merc	LES CENDRES.	7	21	5	9
41	10	jeudi	ste Scholastique	7	19	5	11
42	11	ven	s Séverin	7	18	5	12
43	12	sam	ste Eulalie	7	16	5	14
44	13	D.	*Quadragésime*	7	14	5	15
45	14	lun	s Valentin	7	13	5	17
46	15	mar	s Faustin	7	11	5	19
47	16	merc	ste Julie. *Q. T.*	7	9	5	20
48	17	jeudi	s Théodule	7	7	5	22
49	18	ven	s Siméon, évêque. *Q. T.*	7	6	5	24
50	19	sam	s Boniface. *Q. T.*	7	4	5	25
51	20	D.	REMINISCERE	7	2	5	27
52	21	lun	s Pepin de L.	7	0	5	29
53	22	mar	ste Isabelle	6	58	5	30
54	23	merc	s Dosithée	6	56	5	32
55	24	jeudi	s Mathias, apôtre.	6	54	5	34
56	25	ven	s Taraise	6	52	5	35
57	26	sam	s Alexandre	6	51	5	37
58	27	D.	ste Honorine	6	49	5	38
59	28	lun	s Romain	6	47	5	40

Les jours croissent de 46 minutes le matin et 44 le soir.

Le 15, 10 heures 8 minutes de jour ; 13 heures 54 minutes de nuit.

D. Q. le 1, à 6 h. 10 m. du matin.
N. L. le 8, à 5 h. 43 m. du matin.
P. Q. le 16, à 3 h. 21 m. du matin.
P. L. le 23, à 7 h. 34 m. du soir.

MARS.

JOURS de l'ann.	du mois.		FÊTES.	SOLEIL lever.		couch.	
60	1	mar	s Aubin	6	45	5	42
61	2	merc	s Simplice	6	43	5	43
62	3	jeud	ste Cuné	6	41	5	45
63	4	ven	s Casimir	6	39	5	46
64	5	sam	s Adrien	6	37	5	48
65	6	D.	ste Colette	6	34	5	49
66	7	lun	s Thomas d'Aquin	6	32	5	51
67	8	mar	s Jean de Dieu	6	30	5	52
68	9	merc	ste Françoise	6	2?	5	54
69	10	jeud	Les 40 Martyrs	6	26	5	56
70	11	ven	s Euloge	6	24	5	57
71	12	sam	s Grégoire le Grand	6	22	5	59
72	13	D.	LA PASSION	6	20	6	0
73	14	lun	s Lubin	6	18	6	2
74	15	mar	s Zacharie	6	16	6	3
75	16	merc	s Cyriaque	6	14	6	5
76	17	jeud	ste Gertrude	6	12	6	6
77	18	ven	s Cyrille	6	10	6	8
78	19	sam	s Joseph	6	8	6	9
79	20	D.	RAMEAUX	6	5	6	11
80	21	lun	s Benoît, abbé	6	3	6	12
81	22	mar	ste Catherine Suédoise	6	1	6	14
82	23	merc	ste Victorine	5	59	6	15
83	24	jeud	s Emmanuel	5	57	6	17
84	25	ven	VENDREDI SAINT	5	55	6	18
85	26	sam	s Ludger	5	53	6	20
86	27	D.	PAQUES	5	51	6	31
87	28	lun	s Gontran	5	48	6	23
88	29	mar	s Eustase	5	46	6	24
89	30	merc	s Rieul	5	44	6	26
90	31	jeu	ste Balbine	5	42	6	27

Les jours croissent de 63 minutes le matin et 45 minutes le soir.
Le 15, 11 heures 49 minutes de jour; 12 heures 13 minutes de nuit.

D. Q. le 2, à 4 h. 40 m. du soir.
N. L. le 9, à 8 h. 28 m. du soir.
P. Q. le 17, à 11 h. 43 m. du soir.
P. L. le 25, à 6 h. 29 m. du matin.
D. Q. le 31, à 9 h. 53 m. du soir.

AVRIL.

JOURS de l'ann.	JOURS du mois.		FÊTES.	SOLEIL lever.		SOLEIL couch	
91	1	ven	s Hugues	5	40	6	29
92	2	sam	s François de Paul	5	38	6	30
93	3	D.	QUASIMODO	5	36	6	32
94	4	lun	s Ambroise	5	34	6	33
95	5	mar	s Vincent F.	5	32	6	35
96	6	merc	s Prudent	5	30	6	36
97	7	jeud	s Hégésippe	5	28	6	38
98	8	ven	s Edèse	5	26	6	39
99	9	sam	ste Marie Egyptienne	5	23	6	41
100	10	D.	s Macaire	5	21	6	42
101	11	lun	s Léon IX, pape	5	19	6	44
102	12	mar	s Jules	5	17	6	45
103	13	merc	s Rupert	5	15	6	47
104	14	jeud	s Tiburce	5	13	6	48
105	15	ven	s Paterne	5	11	6	49
106	16	sam	s Fructueux	5	9	6	51
107	17	D.	s Anicet	5	8	6	52
108	18	lun	ste Apollinaire	5	6	6	54
109	19	mar	s Léon	5	4	6	55
110	20	merc	s Elphège	5	2	6	57
111	21	jeud	s Anselme	5	0	6	58
112	22	ven	ste Opportune	4	58	7	0
113	23	sam	s Georges	4	56	7	1
114	24	D.	ste Beuve	4	54	7	3
115	25	lun	s Marc évangéliste	4	52	7	4
116	26	mar	s Clet	4	51	7	6
117	27	merc	s Polycarpe	4	49	7	7
118	28	jeud	s Vidal	4	47	7	9
119	29	ven	s Robert	4	45	7	10
120	30	sam	s Eutrope	4	44	7	11

Les jours croissent de 64 minutes le matin et 42 minutes le soir.
Le 15, 13 heures 38 minutes de jour; 10 heures 22 minutes de nuit.

N. L. le 8, à 1 h. 7 m. du soir.
P. Q. le 16, à 4 h. 54 m. du soir.
P. L. le 23, à 3 h. 21 m. du soir.
D. Q. le 30, à 7 h. 21 m. du matin.

MAI

JOURS de l'ann.	JOURS du mois.	FÊTES.	SOLEIL lever.	SOLEIL couch
121	1 D.	s Philippe, s Jacques	4 42	7 13
122	2 lun	Les Rogations	4 40	7 14
123	3 mar	Invention ste Croix	4 38	7 16
124	4 merc	ste Monique	4 37	7 17
125	5 jeu	ASCENSION	4 35	7 19
126	6 ven	s Jean-Porte-Latine	3 34	7 20
127	7 sam	s Stanislas	4 32	7 21
128	8 D.	s Désiré	4 30	7 23
129	9 lun	s Grégoire de Nazianze	4 29	7 24
130	10 mar	s Corocin	4 2	7 26
131	11 merc	s Mamert	4 26	7 27
132	12 jeud	s Epiphane	4 24	7 28
133	13 ven	s Servais	4 23	7 30
134	14 sam	s Boniface martyr	4 2	7 31
135	15 D.	PENTECOTE	4 20	7 32
136	16 lun	s Honoré	4 19	7 34
137	17 mar	s Pascal	4 18	7 35
138	18 merc	s Eric. *Q. T.*	4 17	7 36
139	19 jeud	s Yves	4 15	7 38
140	20 ven	s Bernardin. *Q. T.*	4 14	7 39
141	21 sam.	s Hospice. *Q. T.*	4 13	7 40
142	22 D.	TRINITÉ	4 12	7 41
143	23 lun	s Dizier	4 11	7 43
144	24 mar	s Donatien	4 10	7 44
145	25 merc	s Urbain	4 9	7 45
146	26 jeud	FÊTE-DIEU	4 8	7 46
147	27 ven	s Hildevert	4 7	7 47
148	28 sam	s Germain	4 6	7 48
149	29 D.	s Maximin	4 5	7 49
150	30 lun	s Félix	4 5	7 50
151	31 mar	ste Pétronille	4 4	7 51

Les jours croissent de 38 minutes le matin et 38 minutes du soir.
Le 15, 15 heures 12 minutes de jour; 8 heures 48 minutes de nuit.

N. L. le 8, à 4 h. 16 m. du matin.
P. Q. le 16, à 6 h. 6 m. du matin.
P. L. le 22, à 11 h. 2 m. du soir.
D. Q. le 29, à 5 h. 48 m. du soir.

JUIN.

JOURS de l'ann.	du mois		FÊTES.	SOLEIL lever.	couch
152	1	merc	s Pamphile	4 3	7 5
153	2	jeud	s Pothin	4 2	7 53
154	3	ven	ste Clotilde	4 2	7 54
155	4	sam	s Optat	4 1	7 55
156	5	D.	s Boniface	4 1	7 56
157	6	lun	s Norbert	4 0	7 57
158	7	mar	s Claude	4 0	7 58
159	8	merc	s Médard	3 59	7 58
160	9	jeud	ste Pélagie	3 59	7 59
161	10	ven	s Landry	3 58	8 0
162	11	sam	s Barnabé	3 58	8 0
163	12	D	s Basilide	3 58	8 1
164	13	lun	s Antoine de Padoue	3 58	8 2
165	14	mar	s Ruffin	3 58	8 2
166	15	merc	s Modeste	3 58	8 3
167	16	jeud	s Fargeau	3 58	8 3
168	17	ven	s Avit	3 58	8 3
169	18	sam	ste Marine	3 58	8 4
170	19	D.	s Gervais et s Protais	3 58	8 4
171	20	lun	s Sylvère	3 58	8 4
172	21	mar	s Louis de Gonzague	3 58	8 5
173	22	merc	s Paulin	3 58	8 5
174	23	jeud	s Ethelred	3 59	8 5
175	24	ven	Nativité de St-J.-Bapiste	3 59	8 5
176	25	sam	s Prosper	3 59	8 5
177	26	D.	s Babolein	4 0	8 5
178	27	lun	s Crescent	4 0	8 5
179	28	mar	s Irénée	4 1	8 5
180	29	merc	s Pierre s Paul	4 1	8 5
181	30	jeud	Communion de s Paul	4 2	8 5

Les jours croissent de 1 minute le matin et 13 minutes le soir.

Le 15, 16 heures 5 minutes de jour; 7 heures 55 minutes de nuit.

N. L. le 6, à 8 h. 42 m. du soir.
P. Q. le 14, à 3 h. 36 m. du soir.
P. L. le 21, à 6 h. 20 m. du matin.
D. Q. le 28, à 6 h. 45 m. du matin.

JUILLET.

JOURS de l'ann.	du mois.		FÊTES.	SOLEIL lever.		couch.	
182	1	ven	s. Thibault	4	2	8	5
183	2	sam	*Visitation N.-D.*	4	3	8	4
184	3	D.	s. Anatole	4	3	8	4
185	4	lun	Trans. de s. Martin	4	4	8	4
186	5	mar	ste Zoé	4	5	8	3
187	6	merc	s. Tranquillin	4	6	8	3
188	7	jeud	ste Aubierge	4	6	8	2
189	8	ven	ste Elisabeth	4	7	8	2
190	9	sam	s. Ephrem	4	8	8	1
191	10	D.	ste Félicité	4	9	8	1
192	11	lun	s. Jean de Nisibe	4	10	8	0
193	12	mar	s. Gualbert	4	11	7	59
194	13	merc	s. Eugène	4	12	7	58
195	14	jeud	s. Bonaventure	4	13	7	58
196	15	ven	s. Henri	4	14	7	57
197	16	sam	s. Eustache	4	15	7	56
198	17	D.	s. Alexis	4	16	7	55
199	18	lun	ste Symphorosine	4	17	7	54
200	19	mar	s. Vincent de Paul	4	18	7	53
201	20	merc	ste Marguerite	4	19	7	52
202	21	jeud	s. Victor	4	21	7	51
203	22	ven	ste Madeleine	4	22	7	50
204	23	sam	s. Apollinaire	4	23	7	49
205	24	D.	ste Christine	4	24	7	48
206	25	lun	s. Jacques le M.	4	25	7	46
207	26	mar	Trans. de s. Marcel.	4	27	7	45
208	27	merc	s. Pantaléon	4	28	7	44
209	28	jeu	ste Anne	4	29	7	43
210	29	ven	ste Marthe	4	30	7	41
211	30	sam	s. Ignace de Loyola	4	32	7	40
212	31	D.	s. Germain l'Auxerrois	4	33	7	38

Les jours décroissent de 51 minutes le matin et 27 minutes le soir.
Le 15, 15 heures 43 minutes de jour; 8 heures 17 minutes de nuit.

N. L. le 6, à 1 h. 3 m. du matin.
P. Q. le 13, à 10 h. 25 m. du soir.
P. L. le 20, à 2 h. 3 m. du soir.
D. Q. le 27, à 10 h. 10 m. du soir.

AOUT.

JOURS			FÊTES.	SOLEIL			
de l'ann.	du mois.			lever.		couch	
213	1	lun	s Pierre-es-Liens	4	34	7	37
214	2	mar	s Etienne, pape	4	36	7	36
215	3	merc	D. Inv. Etienne	4	37	7	34
216	4	jeu	s Dominique	4	38	7	33
217	5	ven	s Yon	4	40	7	31
218	6	sam	Trans. de N. D.	4	41	7	29
219	7	D.	s Gaëtan	4	42	7	28
220	8	lun	s Justin, martyr.	4	44	7	26
221	9	mar	s Romain	4	45	7	25
222	10	merc	s Laurent, martyr	4	4	7	23
223	11	jeud	Susc. ste Cour.	4	48	7	21
224	12	ven	ste Claire	4	49	7	19
225	13	sam	s. Hippolyte	4	51	7	18
226	14	D.	s Eusèbe	4	52	7	16
227	15	lun	S. NAPOLEON, *Assompt.*	4	54	7	14
228	16	mar	s Roch	4	55	7	12
229	17	merc	s Mammès	4	56	7	10
230	18	jeud	ste Hélène	4	58	7	9
231	19	ven	s Louis, évêque	4	59	7	7
232	20	sam	s Bernard, abbé	5	1	7	5
233	21	D.	s Privat	5	2	7	3
234	22	lun	s Symphorien	5	3	7	1
235	23	mar	s Sidoine	5	5	6	59
236	24	merc	s Barthélemy	5	6	6	57
237	25	jeud	s Louis, roi	5	8	6	55
238	26	ven	s Zéphyrin	5	9	6	53
239	27	sam	s Césaire	5	11	6	51
240	28	D.	s Augustin	5	12	6	49
241	29	lun	Décollat. s. J.-Baptiste	5	13	6	47
242	30	mar	s Fiacre.	5	15	6	45
243	31	merc	s Ovide	5	16	6	43

Les jours décroissent de 42 minutes le matin et 54 m. le soir.
Le 15, 14 heures 20 minutes de jour; 9 heures 40 minutes de nuit.

N. L. le 5, à 0 h. 15 m. du matin.
P. Q. le 12, à 3 h. 49 m. du matin.
P. L. le 18, à 11 h. 4 m. du soir.
D. Q. le 26, à 3 h. 47 m. du soir.

SEPTEMBRE.

JOURS de l'ann.	JOURS du mois.		FÊTES.	SOLEIL lever.	SOLEIL couch.
244	1	jeud	s Leu, s Gilles	5 18	6 41
245	2	vend	s Lazare	5 19	6 39
246	3	sam	s Ambroise	5 21	6 37
247	4	D.	ste Rosalie	5 22	6 35
248	5	lund	s Bertin	5 23	6 33
249	6	mar	s Eleuthère	5 25	6 31
250	7	merc	s Cloud	5 26	6 29
251	8	jeud	NATIVITÉ de N. D.	5 28	6 27
252	9	vend	s Omer	5 29	6 25
253	10	sam	s Nicolas Tolosain	5 30	6 23
254	11	D.	s Hyacinthe	5 32	6 20
255	12	lund	s Paphnuce	5 33	6 18
256	13	mar	s Maurille	5 35	6 16
257	14	merc	Exaltation de la S.-C.	5 36	6 14
258	15	jeud	s Nicomède	5 38	6 12
259	16	vend	s Cyprien	5 39	1 10
260	17	sam	s Lambert	5 41	6 8
261	18	D.	s Jean-Chrysostome	5 42	6 6
262	19	lund	s Janvier	5 43	6 3
263	20	mar	s Eustache	5 45	6 1
264	21	merc	s Matthieu. *Q. T.*	5 46	5 59
265	22	jeud	s Maurice	4 48	5 57
266	23	vend	ste Thècle. *Q T.*	4 49	5 55
267	24	sam	s Andoche. *Q. T.*	5 51	5 53
268	25	D.	s Firmin	5 52	5 51
269	26	lund	ste Justine	5 53	5 49
270	27	mar	s Côme et s Damien	5 55	5 46
271	28	merc	s Céran	5 56	5 44
272	29	jeud	s Michel, archange	5 58	5 42
273	30	vend	s Jérôme	5 59	5 40

Les jours décroissent de 41 minutes le matin et 59 minutes le soir.
Le 15, 12 heures 34 minutes de jour; 11 heures 26 minutes de nuit.

N. L. le 3, à 11 h. 51 m. du matin.
P. Q. le 10, à 9 h. 7 m. du matin.
P. L. le 17, à 10 h. 21 m. du matin.
D. Q. le 25, à 10 h. 42 m. du matin.

OCTOBRE.

JOURS de l'ann.	JOURS du mois.		FÊTES.	SOLEIL lever		SOLEIL couch	
274	1	sam	s Remi	6	1	5	38
275	2	D.	SS Anges gardiens	6	2	5	36
276	3	lund	s Denis Aréop.	6	4	5	34
277	4	mar	s François d'Assises	6	5	5	32
278	5	merc	ste Aure	6	7	5	30
279	6	jeud	s Bruno	6	8	5	27
280	7	vend	s Serge	6	10	5	25
281	8	sam	s Brigitte	6	11	5	23
282	9	D.	s Denis	6	13	5	21
283	10	lund	s Paul d'York	6	14	5	19
284	11	mar	s Nicaise	6	16	5	17
285	12	merc	s Wilfride	6	17	5	15
286	13	jeud	s Géraud	6	19	5	13
287	14	vend	s Caliste	6	20	5	11
288	15	sam	ste Thérèse	6	22	5	9
289	16	D.	s Gall	6	23	5	7
290	17	lund	s Cerbonet	6	25	5	5
291	18	mar	s Luc, évangéliste	6	26	5	3
292	19	merc	s Savinien	6	28	5	1
293	20	jeud	s Caprais	6	29	5	0
294	21	vend	ste Ursule	6	31	4	58
295	22	sam	s Mellon	6	33	4	56
296	23	D.	s Hilarion	6	34	4	54
297	24	lund	s Magloire	6	36	4	52
298	25	mar	s Crépin et s Cr.	6	37	4	50
299	29	merc	s Evariste	6	39	4	48
300	27	jeud	s Frumence	6	41	4	47
301	28	vend	s Simon, s Jude	6	42	4	45
302	29	sam	s Narcisse	6	44	4	43
303	30	D.	s Lucain	6	45	4	42
304	31	lund	s Quentin	6	47	4	40

Les jours décroissent de 46 minutes le matin et 58 minutes le soir. Le 13, 10 heures 47 minutes de jour; 13 heures 13 minutes de nuit.

N. L. le 2, à 10 h. 27 m. du soir.
P. Q. le 9, à 3 h. 35 m. du soir.
P. L. le 17, à 0 h. 44 m. du matin.
D. Q. le 25, à 5 h. 29 m. du matin.

NOVEMBRE.

JOURS			FÊTES.	SOLEIL	
de l'ann.	du mois.			lever.	couch.
305	1	mar	TOUSSAINT	6 49	4 38
306	2	merc	*Les Morts*	6 50	4 37
307	3	jeud	s Marcel	6 52	4 35
308	4	vend	s Charles Borromée	5 53	4 33
309	5	sam	ste Bertille	6 55	4 32
310	6	D.	s Léonard	6 57	4 30
311	7	lund	s Wilbrod	6 58	4 29
312	8	mar	stes Reliques	7 0	4 27
313	9	merc	s Mathurin	7 1	4 26
314	10	jeud	s Léon le Grand	7 3	4 25
315	11	vend	s Martin	7 5	4 23
316	12	sam	s René	7 6	4 22
317	13	D.	s Brice	7 8	4 21
318	14	lund	s Maclou	7 9	4 19
319	15	mar	s Eugène	7 11	4 18
320	16	merc	s Edme	7 12	4 17
321	17	jeud	s Agnan	7 14	4 16
322	18	vend	ste Aude	7 16	4 15
323	19	sam	ste Elisabeth reine	7 17	4 13
324	20	D.	s Edmond	7 19	4 12
325	21	lund	Présentation de N.-D.	7 20	4 11
326	22	mar	ste Cécile	7 22	4 11
327	23	merc	s Clément	7 23	4 10
328	24	jeud	s Chrysogone	7 25	4 9
329	25	vend	ste Catherine	7 26	4 8
330	26	sam	ste Genevieve A.	7 28	4 7
331	27	D.	L'AVENT	7 20	4 7
332	28	lund	s Lin	7 30	4 6
333	29	mar	s Saturnin	7 32	4 5
334	30	merc	s André, *Av.*	7 33	4 5

Les jours croissent de 44 minutes le matin et 33 minutes le soir.

Le 15, 9 heures 7 minutes de jour; 14 heures 53 minutes de nuit.

N. L. le 1, à 8 h. 48 m. du matin.
P. Q. le 8, à 0 h. 21 m. du matin.
P. L. le 15, à 6 h. 10 m. du soir.
D. Q. le 23, à 10 h. 44 m. du soir.
N. L. le 30, à 7 h. 22 m. du soir.

DECEMBRE.

JOURS de l'ann.	du mois.		FÊTES.	SOLEIL lever.		couch	
335	1	jeud	s Eloi	7	34	4	4
336	2	ven	s François de Xavier	7	36	4	4
337	3	sam	s Fulgence	7	37	4	3
338	4	D.	ste Barbe	7	38	4	3
339	5	lun	s Sabas	7	39	4	2
340	6	mar	s Nicolas	7	41	4	2
341	7	merc	ste Fare	7	42	4	2
342	8	jeud	CONCEPTION	7	43	4	1
343	9	ven	ste Léocadie	7	44	4	1
344	10	sam	ste Valère	7	45	4	1
345	11	D.	s Fuscien	7	46	4	1
346	12	lun	s Alexandre	7	47	4	1
347	13	mar	ste Luce	7	48	4	1
348	14	merc	s Nicaise. *Q. T.*	7	49	4	1
349	15	jeud	s Mesmin	7	49	4	1
350	16	ven	ste Adélaide. *Q. T.*	7	50	4	2
351	17	sam	ste Olympe. *Q. T.*	7	51	4	2
352	18	D.	s Gatien	7	52	4	2
353	19	lun	s Timoléon	7	52	4	3
354	20	mar	s Philogon	7	53	4	3
355	21	merc	s Thomas apôtre	7	5	4	3
356	22	jeud	s Ischyrion	7	54	4	4
357	23	ven	ste Victoire	7	54	4	5
358	24	sam	s Delphine	7	55	4	5
359	25	D.	NOEL	7	55	4	6
360	26	lun	s Etienne martyr	7	55	4	7
361	27	mar	s Jean évangéliste	6	56	4	7
362	28	merc	saints Innocents	7	56	4	8
363	29	jeud	s Thomas de Cantorbéry	7	56	4	9
364	30	ven	ste Colombe	7	56	4	10
365	31	sam	s Sylvestre	7	56	4	11

Les jours décroissent de 22 minutes le matin et croissent de 7 m. le soir.
Le 15, 8 heures 12 minutes de jour; 15 heures 48 minutes de nuit.

P. Q. le 7, à 0 h. 20 m. du soir.
P. L. le 15, à 4 h. 43 m. du soir.
D. Q. le 23, à 4 h. 32 m. du soir.
N. L. le 30, à 6 h. 15 m. du matin.

TRAVAUX HORTICOLES

DE L'ANNÉE.

JANVIER.

Pendant la gelée, on charrie le fumier et on ramasse des terres nouvelles pour rechausser les pieds des arbres. On taille les arbres en buisson, on les fume et on les laboure, si le sol et la gelée le permettent. On fait des paillassons, tant pour les espaliers que pour les couches. A la veille des gelées, vous couvrirez les pois semés en novembre et en décembre, ainsi que les fleurs qui craignent le froid. On sème, du 10 au 20, les fèves de marais, pour en récolter quinze jours plus tôt que leur saison ordinaire. On fait les premières couches pour y semer toutes les plantes que l'on veut avancer, telles que la laitue crêpe et celle de Versailles, les raves, radis pour mars, la chicorée sauvage, le pourpier vert, le cerfeuil et le cresson. On sème sous cloche, pour repiquer sur couche, des cardons, des concombres, des petits melons pour mai, et du céleri qu'on plante en place au commencement d'avril. On plantera des melons et des concombres semés en décembre, du persil de l'oseille et des asperges pour mars. On repique en terre la chicorée pour la Saint-Jean, du céleri pour juin, des choux pommés hâtifs, et des choux frisés hâtifs pour en manger en juin. Du 20 au 30, on repique des choux-fleurs tendres, et des brocolis à planter en mars et manger en mai,

FÉVRIER.

Si la température le permet, le jardinier trouve dans ce mois déjà de quoi s'occuper. Il sème sur les couches chaudes des concombres, de la petite laitue, du céleri, du persil, des choux, des bettes; sur des couches froides, des radis, des carottes; en pleine terre, toutes espèces de bettes, les carottes, les panais, les pois gourmands, les pois sucrés, les choux de Savoie, les choux rouges, les poireaux, le raifort, le salsifis, etc., et cela de quinze jours en quinze jours. Il peut transplanter les arbres, greffer en fente, enlever les troquets de chenilles, tailler les arbres qui ont été transplantés en automne, si cependant il ne fait pas encore trop froid. On doit nettoyer le colombier, le poulailler, les ruches; acheter des mouches à miel, repeupler les garennes. Pour toutes les couches de ce mois, on prend le fumier de celles qui ont servi aux asperges, raves, laitues, et on le mêle avec du fumier neuf. Vous semez l'amarante, la balsamine, la giroflée, les œillets et autres fleurs annuelles; la consoude royale, les pommes d'amour, la jacée des Indes, les tricolors et lambrette.

MARS.

Au commencement de ce mois, vous semez des haricots sur couche qui seront remis en pleine terre à la fin d'avril au pied d'un mur, pour les avoir en juin, vous replantez les légumes destinés à monter en graine, comme poireaux, oignons, choux-fleurs. On plante les caïeux d'ail et d'échalottes. On sème la poirée ou bette, qui est bonne à couper au bout de six semaines. On sème en pleine terre des raves et des radis hâtifs pour mai, du pourpier doré, du cerfeuil, du cresson, des pois goulus, des gros pois carrés pour juillet, des oignons, des navets pour l'été, dans les terres légères qui leur conviennent le mieux; des carottes rouges et jaunes, des panais, capucines, melons, concombres, pimprenelle et du persil, pour durer dix-huit mois. Le potiron hâtif et tardif se sèment tous deux sur couche au commencement de ce mois. On lève en motte les fraisiers mis en pépinière pour en faire des planches. On commence, si le temps le permet, à découvrir les artichauts. A la mi-mars, on ôte toutes les couvertures des plantes, mais il faut avoir soin de les remettre s'il survient des gelées. On sème des asperges par rayons, dans une planche préparée. On sème en pleine terre, à un bon abri, ce qui doit être replanté en pleine terre.

AVRIL.

On sème la chicorée sur couche, du persil, des laitues, des choux pommés, des artichauts, de l'estragon, du céleri, des betteraves. On fait les labours pour les légumes, et on sarcle les jeunes plants. On met en planche, à un pied de distance, les laitues les plus pommées. Vous semez en place du pourpier doré, de la sarriette, des pois goulus à cul noir et à longue cosse, des pois carrés, pour faire sécher en vert; les dernières grosses fèves pour août, des carottes rouges et jaunes, panais, melons d'hiver; les cardons pour octobre et novembre, des salsifis blancs ou communs bons à lever à la Toussaint. On sème, pour replanter, les laitues de Silésie, de Versailles, d'Italie, pour juillet; de la romaine ou chicon, des choux frisés nains, pour août; des choux à têtes longues et des brocolis pour donner de septembre à novembre; du céleri long, plein et court; de la chicorée sauvage, pour blanchir d'octobre à décembre. On découvre les artichauts, on les œilletonne, on les plante, on les laboure, et l'on commence dans ce mois à arroser le matin. On réchauffe les vieilles couches, et on en fait de nouvelles. Du 25 au 30, vous laissez un peu d'air la nuit aux plantes potagères qui sont sous cloche, si le temps le permet. On continue la taille des arbres et on écussonne à l'œil poussant. On continue à tailler les melons et les concombres, et on sème ces derniers sur couche pour être mis en pleine terre et donner à la fin de l'année.

MAI.

On sème les cardons d'Espagne, les haricots, et, pour la troisième fois, en pleine terre, du céleri pour le mois d'octobre. On plante des choux fleurs, des choux de Milan, des pommés, des choux d'hiver et des cardes poirées; on sème aussi du pourpier en pleine terre, de la graine de navets, de la chicorée qui sera bonne à la fin de juillet, si elle est bien arrosée; des choux fleurs sur couche; et, en pleine terre, les concombres qu'on destine à faire des cornichons. On découvre les plants qui sont sous cloche ou sous châssis. A la fin de ce mois, les pommes d'artichauts commencent à sortir, et ces plantes exigent de fréquents arrosements. On coupe le vieux persil et les fèves hâtives, et on pince les autres fèves en fleurs. Vous replanterez du pourpier pour graine, et du céleri en pleine te re. Vous sème:ez aussi les premiers choux blonds pour l'automne et l'hiver. On ébourgeonne les faux-bois de la vigne, et on achève de semer sur couche les graines de toutes sortes de fleurs, en profitant de quelques pluies pour replanter les fleurs annuelles.

JUIN.

On sème de grosses raves, des radis longs, gris et noirs. et des aiponces pour le carême. On couvre ces dernières d'un demi-pouce de terreau, et on les mouille souvent pour les fai e lever. Vers la mi-juin, on pourra replanter des poireaux dans des trous de six pouces, éloignés d'un pied. On repique les laitues, chicorées, choux rouges, céleris, etc. On recueille les graines du ce feuil, des épinards, radis, pois hâtifs, etc. Echeniller. rameublir la terre autour des arbres et la couvrir de feuilles sèches ; greffer en écusson les fruits à noyau, ainsi que les jasmins, orangers, rosie s, en choisissant pour cette opération un temps couvert. On tond les buis et les palissades ; on sème des haricots pour les manger tendres en automne ; des choux blancs d'hiver que l on transplantera, et des pois pour les avoir bons en vert tout l'été. On sème des pois suisses à la fin de ce mois, pour en avoir en septembre. On réserve sur chaque pied de f aisier un seul filament pour planter en août. On déplante les tulipes et les anémones, et on lève les iris, les fritillaires, les cyclamens printaniers, les martagons, les jacinthes orientales et les bulbeuses.

JUILLET.

On recueille les légumes d'été, et on sème ceux qui ne seront consommés qu'en hiver. On sème de la laitue royale. de la poirée, de la ciboule, et un peu de raves dans les endroits frais. Les épinards seront semés en petite quantité, parcequ'ils sont sujets à monter. On enfouira les concombres qui sont en pleine terre. On sèmera des choux de Milan, de la graine de navets, et, pour la dernière fois, des pois carrés, pour en avoir en octobre, et de la pimprenelle pour planter en mars. On plante des choux pour la fin de l'automne et de l'hiver. On continue à ébourgeonner et à palisser les arbres fruitiers. On greffe en approche les myrtes, les jasmins, les orangers, les rosiers et autres arbrisseaux. Si la saison est fort sèche, vous pouvez à la fin de ce mois greffer à œil dormant les pêchers, pruniers et abricotiers. On sème au couchant, sur de la terre meuble, la graine des fraisiers des mois, à quatre pieds du mur, et on la recouvre de deux lignes de sable ou de terreau : ces fraisiers, repiqués en avril, rapporteront en été et en automne. On replante les couronnes impériales, les lis et autres oignons qui ne doivent point être gardés hors de terre, mais seulement déchargés de leurs caïeux.

AOUT.

Du 1er au 15, on écussonne à œil poussant les vieux amandiers et les autres arbres ; et du 15 au 30, les jeunes arbres de même espèce. On sème des raves, du cerfeuil pour l'hiver, et des épinards. On coupe les vieux montants d'artichauts. On lève les oignons de terre. On recueille les pois qu'on a laissé sécher. On sème pendant tout ce mois des laitues à coquille, tant pour replanter à la fin de septembre, ou au commencement d'octobre, en place et à l'abri, et en avoir de pommées à la fin de l'automne et durant l'hiver, que pour les accoutumer au froid, afin qu'elles puissent être replantées après l'hiver : si cette saison est bien rude, on les couvre avec de la paille longue. On sème, pour repiquer, de la chicorée pour l'hiver, et de la laitue crêpe pour décembre. Dès la mi-août, on sème des épinards pour octobre, des mâches pour les salades d'hiver, de l'oseille, du cerfeuil, de la ciboule, des raves en pleine terre pour l'automne, et des navets pour l'hiver. Du 20 au 30, vous sèmerez, pour repiquer, des choux-fleurs pour primeur, qui seront conservés en baquets dans la serre. On sème des graines de salsifis d'Espagne. On recueille les graines de laitues, de raves, de cerfeuil, de poireaux, de ciboules, d'oignons, de rocamboles, de betteraves et de capucines.

SEPTEMBRE.

On arrose le matin, et non le soir. Vers le 15, et dans

tout le reste de l'automne, on écussonne les arbres à œil dormant, tant qu'il reste de la sève. On sème de la graine d'oignon blanc. du cerfeuil. des mâches, des raves. des gros radis blancs. des pois-michaux en mannequins à une bonne exposition, pour achever de mûrir dans la serre. On fait des couches à champignons. Vous planterez beaucoup de chicorées pour l'hiver; des panais et des carottes blanches pour avril. mai et juin; on les couvre légèrement aux approches des gelées. On sème des épinards, qui seront coupés vers l'hiver; et des raves mêlées avec d'autres semences. On empaille les cardons d'Espagne. On fait un dernier palissage aux pêchers et aux autres arbres en espalier. On prodigue l'eau aux artichauts. Du 20 au 30, on coupe a le persil, pour avoir des feuilles tendres en automne et en hiver. Vers la fin de ce mois, vous planterez des laitues royales et de Gênes, et vous semerez, pour la troisième fois, des épinards bons en carême, et pour graine. C'est la meilleure saison pour marcotter les œillets, la giroflée et les autres plantes ligneuses. On sème des pavots, des coquelicots doubles pour en avoir en juin et juillet. On sème encore des graines d'oreilles-d'ours, de renoncules, d'alaternes, d'iris, de couronnes impériales, de tulipes, de thlaspis, d'anémones, d'œillets doubles, de scabieuses, de juliennes, et généralement les graines des plantes annuelles non sujettes à la gelée.

OCTOBRE.

On fait des tranchées; on creuse des trous pour planter des arbres dans le mois suivant; on sème des épinards et le dernier cerfeuil. On sème, à l'abri. des raves qui fourniront jusqu'aux nouvelles couches. Mais, pour toutes les semences prématurées et retardées, ayez égard à la douceur du climat et à l'exposition de votre jardin. Vous semez des pois vers en côtières, et. du 15 au 20, des mâches pour le carême; de la laitue crêpe pour janvier, et de la romaine hâtive pour avril, et des concombres en pleine terre pour replanter en novembre. On sème des choux-fleurs, qu'on repique à l'abri sous cloche. et couverts de litière, pour donner en mai sur couche. On plante de la chicorée pour graine, et des œilletons d'artichauts pour le printemps. On ensable les navets, et la première chicorée sauvage pour blanchir. On plante des fraisiers, des bordures de buis, des choux blonds, et beaucoup de laitues hâtives à de bons abris. Vers ce temps, il faut mettre dans la serre les arbres et arbrisseaux qui craignent la gelée, les portes et les fenêtres ouvertes durant le jour et fermées le soir. Il faut, pendant ce mois, donner le dernier labour aux terres fortes et humides. On lie le céleri. On sème les immortelles pour juillet. On plante les oignons de jacinthes, de tulipes et de narcisses, excepté la tubéreuse et le lis blanc. On sèvre les marcottes d'œillets. On transporte les fleurs vivaces, comme juliennes, scabieuses, croix de Jérusalem, œillets de la Chine, mignardises.

NOVEMBRE.

Dès le commencement de ce mois, vous conduirez du grand fumier sec dans le voisinage des chicorées, artichauts, céleris, poireaux et racines, pour avoir la facilité de le répandre sur les légumes qui en auront besoin. Les premières couches se font en ce mois : on y replante les laitues semées en août, et on repique celles qui ont été semées dans le mois d'octobre, pour pommer en janvier. On sème des raves pour janvier et février, des pois dominés et michaux dans des mannequins, pour passer en serre, et hâter sur couche. On plante encore des laitues d'hiver : celles qui sont plantées à de bons abris seront couvertes, durant les gelées blanches, avec de la paille longue bien nette, sur laquelle on mettra quelques perches de longueur, pour que le vent ne la dérange pas. Avant les gelées, vous achèverez de lier les chicorées et les couvrirez. On plante les asperges, de l'oseille, de l'estragon. On fait des couches d'asperges et on en réchauffe les plants. Vous replanterez dans la serre les cardons, betteraves, scorsonères, salsifis, persil pour les racines, ciboules, chicorées pour blanchir, les artichauts avec les pommes pour se perfectionner, et les choux-fleurs afin qu'ils profitent. On sème les racines d'hiver.

DÉCEMBRE.

On commence à semer les premiers concombres hâtifs, les pois suisses, sur ados, les pois michaux dominés, et même de la laitue. La grosse fève ou fève de marais se sème dans ce mois ; elle résiste à la gelée, lorsqu'elle est bien couverte, et elle est plus hâtive de quinze jours. Le fumier des couches et des réchauds, qui, dans le mois précédent a servi à élever de la laitue, à couper et à repiquer, se retire actuellement, et sert aux nouvelles couches, en le mêlant avec autant de fumier neuf. On fait des couches à champignons pour fournir dans leur temps. Si l'hiver est rude, vers Noël vous couvrirez tous les pois de litière soutenue par des treillis et de la paille. Avant les fortes gelées, on peut tailler les arbres en buisson, et les autres espaliers de fruits d'hiver. On enlève toutes les carottes pour les serrer, après les avoir lavées, dans la serre, sans les couvrir de sable.

Telles sont les opérations à faire dans le jardinage.

PLANTES INUTILES ET NUISIBLES.

Les agriculteurs se plaignent avec raison de la grande quantité de plantes inutiles et nuisibles qui, mêlées avec les récoltes, en diminuent considérablement le produit. Voici le moyen non seulement de les détruire, mais encore de les utiliser :

On établit d'abord un lit, épais d'un pied, d'herbes parasites vertes, sur lequel on étend une couche mince de chaux vive pulvérisée, et l'on continue ainsi de superposer alternativement ces différentes couches. Lorsque les matières sont restées pendant quelques heures en contact, on s'aperçoit de la décomposition. Il est essentiel d'empêcher l'inflammation spontanée qui pourrait se produire ; à cet effet, on doit recouvrir la masse de terre et de gazon.

La décomposition est complète au bout de vingt-quatre heures, et la cendre qui en résulte possède toutes les qualités d'un excellent fumier. On peut se servir de toutes sortes de plantes pour cet usage, pourvu qu'elles soient vertes ; cette condition est absolument nécessaire : plus les herbes sont vertes et la chaux nouvellement cuite, plus l'engrais sera énergique.

PRÉDICTIONS JOURNALIÈRES

SUR LES VARIATIONS DU TEMPS.

JANVIER.

1 neige
2 dernier quartier
3 nébuleux
4 frimas
5 gelée
6 vent violent
7 neige
8 froid
9 nouvelle lune
10 grésil
11 gelée
12 bourrasques
13 brouillards
14 neige
15 gelée
16 assez beau
17 premier quartier
18 dégel
19 variable
20 bourrasques
21 froid
22 neige
23 gelée
24 dégel
25 pleine lune
26 pluie
27 variable
28 giboulées
29 assez beau
30, 31 neige

FÉVRIER.

1 dernier quartier
2 vent
3 grésil
4 froid
5 vent
6 gelée
7 neige
8 nouvelle lune
9 grésil
10 variable
11 vent violent
12 tempête
13 froid
14 neige
15 grésil
16 premier quartier
17 dégel
18 vent
19 assez beau
20 variable
21 nuageux
22 vent
23 pleine lune
24 pluie
25 passable
26 vent
27 brouillards
28 pluie

MARS.

1 assez beau
2 dernier quartier
3 variable
4 beau
5 vent violent
6 tempête
7 vent
8 beau
9 nouvelle lune
10 giboulées
11 pluie
12 brouillards
13 assez beau
14 nébuleux
15 variable
16 pluie
17 premier quartier
18 vent
19 bourrasques
20 variable
21 pluie
22 frimas
23 beau
24 vent
25 pleine lune
26 pluie
27 variable
28 assez beau
29, 30 brouillar
31 dernier quartier

AVRIL.

1 vent
2 gelée blanche
3 brouillards
4 variable
5 beau
6 changeant
7 couvert
8 nouvelle lune
9 beau
10 nuageux
11 vent
12 pluie
13 passable
14 changeant
15 assez beau
16 premier quartier
17 nuageux
18 humide
19 vent
20 agréable
21 couvert
22 beau
23 pleine lune
24 vent violent
25 tempête
26 pluie
27 variable
28 incertain
29 assez beau
30 dernier quartier

MAI.

1 beau
2 gelée blanche
3 incertain
4 vent
5 humide
6 temps sec
7 doux
8 nouvelle lune
9 agréable
10 beau
11 humide
12 vent frais
13 gelée blanche
14 assez beau
15 pluie
16 premier quartier
17 beau
18 inconstant
19 nuageux
20 vent
21 pluie
22 pleine lune
23 agréable
24 temps sec
25 vent
26 beau
27 assez beau
28 nuageux
29 dernier quartier
30, 31 incertain

JUIN.

1 grande chaleur
2 tonnerre
3 passable
4 temps sec
5 assez beau
6 nouvelle lune
7 orage violent
8 chaud
9 vent
10 couvert
11 orageux
12 serein
13 temps sec
14 premier quartier
15 pluie
16 humide
17 beau
18 chaud
19 vent violent
20 orage
21 pleine lune
22 serein
23 beau
24 grande chaleur
25 tonnerre
26 orageux
27 humide
28 dernier quartier
29 nuageux
30 pluie

JUILLET.

1 orage
2 vent frais
3 doux
4 beau temps
5 nuageux
6 nouvelle lune
7 tonnerre
8 grêle
9 pluie
10 assez beau
11 chaud
12 beau
13 premier quartier
14 passable
15 vent
16 chaud
17 couvert
18 pluie
19 beau
20 pleine lune
21 serein
22 beau
23 chaleur
24 tonnerre
25 pluie
26 assez beau
27 dernier quartier
28 pluie
29, 30 beau
31 chaud

AOUT.

1 sombre
2 pluie
3 assez beau
4 beau
5 nouvelle lune
6 inconstant
7 beau
8 très chaud
9 tonnerre
10 beau
11 beau
12 premier quartier
13 nuageux
14 pluie
15 passable
16 beau
17 de même
18 pleine lune
19 vent
20 couvert
21 passable
22 beau
23 très chaud
24 orage violent
25 humide
26 dernier quartier
27 beau
28 serein
29, 30 chaud
31 tonnerre

SEPTEMBRE.

1 vent
2 couvert
3 nouvelle lune
4 pluie
5 passable
6 beau
7 pluvieux
8 de même
9 humide
10 premier quartier
11 assez beau
12 chaud
13 variable
14 beau
15 chaud
16 couvert
17 pleine lune
18 beau
19 grande chaleur
20 orage violent
21 humide
22 pluie et vent
23 variable
24 giboulées
25 dernier quartier
26 brouillard
27 assez beau
28 grêle
29 assez beau
30 très chaud

OCTOBRE.

1 couvert
2 nouvelle lune
3 brouillard
4 assez beau
5 agréable
6 inconstant
7 beau
8 passable
9 premier quartier
10 très chaud
11 tonnerre
12 grêle
13 variable
14 beau
15 pluie
16 brouillard
17 pleine lune
18 pluie abondante
19 humide
20 assez beau
21 agréable
22 beau
23 temps sec
24 beau
25 dernier quartier
26 pluie et vent
27 assez beau
28 vent
29 gelée blanche
30, 31 beau

NOVEMBRE.

1 nouvelle lune
2 gelée blanche
3 froid
4 beau
5 couvert
6 vent
7 pluie
8 premier quartier
9 variable
10 nuageux
11 neige
12 froid
13 gelée
14 neige
15 pleine lune
16 dégel
17 vent
18 pluie
19 beau
20 vent
21 gelée
22 brouillards
23 dernier quartier
24 neige
25 brouillards
26 froid
27 nébuleux
28 neige
29 assez beau
30 nouvelle lune

DÉCEMBRE.

1 froid
2 neige
3 vent
4 froid
5 neige
6 gelée
7 premier quartier
8 dégel
9 pluie
10 beau
11 incertain
12 grand vent
13 tempête
14 assez beau
15 pleine lune
16 vent
17 beau
18 frimas
19 assez beau
20 neige
21 gelée
22 dégel
23 dernier quartier
24 frimas
25 beau
26 pluie
27 changeant
28, 29 froid
30 nouvelle lune
31 gelée

GÉOGRAPHIE ET STATISTIQUE

DE LA FRANCE.

La France est bornée au nord-est par la Belgique, le grand duché de Luxembourg, la Prusse rhénane et la Bavière rhénane; à l'est par le Rhin, qui la sépare du grand duché de Bade, par le Jura, qui la sépare de la Suisse, par les Alpes et le Var, qui la séparent de l'Italie; au sud elle est bornée par la Méditerranée et par les Pyrénées, qui la séparent de l'Espagne; à l'ouest par l'Océan Atlantique; au nord-ouest par la Manche et le Pas-de-Calais, qui la séparent de l'Angleterre.

Six grands fleuves et un grand nombre de rivières arrosent et fertilisent le sol de la France. Des routes nationales, des routes départementales, des chemins de grande communication, des chemins vicinaux, des canaux, et enfin des chemins de fer facilitent les transactions commerciales, protégent puissamment la prospérité du pays.

En général le climat y est tempéré; l'air y est pur et salubre. Le nord est froid, le midi est chaud, mais dans des conditions tout à fait supportables. Le centre est doux et égal. Les minéraux sont abondants, les végétaux des plus variés, les animaux domestiques et sauvages, les poissons, les coquillages sont en nombre et en qualité. Les mesures prises récemment par le gouvernement pour repeupler les eaux de la France permettent d'espérer l'abaissement de prix du poisson en même temps qu'une amélioration dans ce mode d'alimentation publique et une augmentation de la richesse nationale.

La France est essentiellement agricole.

Tout le monde en connaît la superficie générale. Elle est de 52,768,398 hectares suivant les statistiques officielles, et de 54,908 560, suivant des statistiques plus mathématiques. Sur cette superficie, l'impôt considère comme terres labourables 25,559,152 hectares, dont, malgré les progrès de l'agriculture, une partie est encore en jachères.

Les prés forment ensuite	4,834,621	hectares.
Les vignes	2,134,822	—
Les bois et forêts	3,631,348	—
Les cultures diverses	951,934	—
Les vergers, jardins, etc.	643,699	—
Les oseraies, aunaies, etc.	64,690	—
Les étangs, abreuvoirs, canaux	211,062	—
Les propriétés bâties	241,842	—
Les routes, chemins, rues, etc.	1,215,115	—
Les rivières, lacs, ruisseaux	454,306	—
Les propriétés publiques	17,775	—

Reste environ huit millions d'hectares occupés par les terres incultes, landes et bruyères, c'est à dire presque un sixième de la superficie totale du pays.

C'est cette vaste surface qu'il s'agit d'attaquer, de faire entrer au moins par portions dans le domaine agricole. C'est cette vaste surface sur laquelle il s'agit de porter la conquête. Nous n'ignorons pas les difficultés d'une pareille entreprise. Elles sont à la fois générales et locales. Ici l'effort particulier est presque toujours stérile, et l'appui de l'État, son intervention, les forces dont il dispose sont nécessaires. Mais de quels fruits peuvent être couronnés ses efforts, de quels intérêts peuvent être payées ses dépenses ? Les conquêtes sur les terres incultes n'entraînent-elles pas tout d'abord une diminution dans les impôts? Déjà Louis-Napoléon, en véritable ami du peuple, a décrété l'assainissement de la Sologne. D'autres contrées non moins à plaindre seront plus tard l'objet de sa sollicitude, et notre beau pays verra augmenter dans les limites du possible ses forces productives. L'agriculture, du reste, est en progrès depuis un demi-siècle, et même en progrès notable. La facilité des communications avec nos voisins immédiats exercera de plus en plus son heureuse influence sur notre bon pays. La France, sachons-le bien, est le type des pays tempérés, et cependant l'on n'y compte que 1,200 habitants par lieue carrée, tandis que l'Angleterre en compte 1,800 et la Belgique 2,400.

L'industrie a considérablement progressé depuis quarante ans. Les fonderies, l'horlogerie, l'orfévrerie, la bijouterie, la joaillerie, les bronzes, les modes, les verreries, les porcelaineries, les cristaux, l'ébénisterie, les glaces, les produits chimiques, les teintureries, les papeteries et imprimeries, les soieries, les toiles, les lainages et cotonnades de toutes sortes, les dentelles, les tapis, les fabriques d'eaux-de-vie, d'huiles, de savons, les raffineries de sucre et de sel, les amidons, les tanneries et tant d'autres choses qui ne se présentent pas à notre mémoire placent la France au premier rang des nations industrielles. La grande exposition de Londres, en 1851, l'a surabondamment prouvé.

Le commerce de la France est considérable, en premier lieu par la consommation intérieure; en second lieu, par l'exportation de ses produits dans les pays étrangers. Les Amériques, entres autres, lui offrent de très grands débouchés, et il ne tiendra qu'à elle de voir s'étendre sur la plus vaste échelle ses relations avec ces régions prédestinées. Les divers percements qui s'opèrent à travers l'isthme américain, en décuplant les affaires commerciales, tiennent en réserve la part de la France. Nous espérons qu'elle voudra bien la prendre. Les familles sont souvent embarrassées de savoir ce qu'elles feront de leurs enfants; au lieu de les destiner à peu près systématiquement aux fonctions publiques, qu'elles les dressent au commerce d'outre-mer, au commerce loyal, actif et intelligent, et ils s'en trouveront bien mieux que de cette vie casanière et stérile à laquelle on les voue dans les bureaux administratifs de l'Etat. S'il y a autant de fortunes en Angleterre, c'est au commerce qu'il en faut reporter l'honneur. Il en est de même aux Etats-Unis d'Amérique; là on sait à peine ce que c'est qu'un fonctionnaire public, tandis qu'en France il y en a toute une armée qui grève d'une manière désastreuse le trésor de l'Etat, c'est à dire tout le monde. Restons Français pour l'esprit, le goût et l'élégance; mais soyons Anglo-Américains pour la raison. Nous redeviendrons alors *la grande nation*, comme nous appelait autrefois l'empereur.

GEOFROY-MORICE.

ÉCONOMIE DOMESTIQUE.

Conservation par le charbon de bois.

Les propriétés antiputrides et désinfectantes du charbon sont bien connues. On s'en sert pour purifier l'eau en le plaçant dans un filtre; on s'en sert pour noircir à l'intérieur les tonneaux destinés à recevoir des provisions d'eau potable pour les marins; nos pères, en Bourgogne, avaient l'habitude de jeter tous les ans, la veille de la Saint-Jean (24 juin), un gros tison dans leurs puits. C'était une excellente coutume, dont ils ne se rendaient pas compte, et qui, de nos jours, est perdue. Lorsque la viande destinée au pot au feu commence à se putréfier, on ferait bien d'introduire dans le pot quelques morceaux de charbon, qui rendraient au jus de cette viande toutes ses qualités. Nous laissons enfin à l'intelligence de nos lecteurs le soin d'étendre l'application du charbon dans une foule de circonstances qui peuvent s'offrir à eux et que nous ne prévoyons pas en ce moment.

Poudre désinfectante des matières fécales.

Avec 200 parties de sulfate de fer, 265 de sulfate de chaux ou plâtre, 10 de sulfate de zinc, 10 de charbon de bois en poudre et de l'eau, on forme une excellente pâte pour la désinfection des fosses d'aisances et des égouts. 150 kilogrammes de cette pâte suffisent pour désinfecter mille mètres d'égout.

Salaison du lard.

Pour bien conserver le lard, il faut lui laisser le moins de chair possible. La salaison se fait ainsi : On dispose des planches dans la cave, à l'abri des souris et des rats. Les tranches de lard, frottées de sel énergiquement sur toutes leurs faces, sont placées sur ces planches, les unes sur les autres. On recouvre de planches la dernière tranche, et l'on charge de fortes pierres, afin que le sel pénètre davantage et procure plus de fermeté au lard. On emploie communément une livre de sel sec et égrugé pour dix livres de lard. Au bout de trois semaines environ, on retire ces bandes de l'humidité, et on les pend dans un endroit sec.

Conservation des jambons.

Les jambons se conservent le plus souvent dans la cheminée. On les frotte auparavant avec un mélange de huit parties de sel et une partie de salpêtre (nitrate de potasse), le tout bien sec, égrugé et mêlé le mieux possible. Pour empêcher la suie de s'attacher à la viande, de même que les parties les plus grossières de la fumée, on enveloppe chaque pièce dans de la toile, ou bien on les roule dans du son ou de la farine, afin de former un enduit qu'on n'enlève ensuite qu'au moment de les consommer. L'opération sera d'autant plus parfaite que la combustion dans le foyer s'effectuera toujours lentement et sans grand dégagement de gaz à la fois, car les jambons se dessèchent alors moins vite, et se pénètrent davantage des principes subtils de la fumée et surtout de l'huile empyreumatique qu'elle renferme.

Quand on a un grand nombre de jambons à préparer, on peut leur faire subir une salaison différente et qui leur procure plus de goût. Après les avoir frottés comme nous venons de dire, on les entasse dans un tonneau où on les laisse une huitaine de jours; on les en retire ensuite pour les plonger quinze jours encore dans une saumure à laquelle on ajoute quelques feuilles de thym, de laurier, etc. Ainsi préparés, on les sort de la saumure, et on les fait sécher en les exposant deux jours à l'air, puis ensuite à la fumée, comme il vient d'être expliqué ci-dessus.

Procédé contre la formation du salpêtre.

Le hasard a fait découvrir que la suie mêlée au mortier empêchait la formation du salpêtre. Pour protéger les murs contre cette lèpre, il suffit donc de les enduire avec un mortier dans lequel on a fait entrer de la suie. C'est surtout à la partie inférieure des murs que se forme le salpêtre; c'est là surtout la partie qu'il faut protéger.

Procédé pour conserver les fruits et les légumes.

Ce procédé est dû à M. Appert. La plupart des bonnes ménagères l'emploient communément pour conserver les petits pois, les haricots verts, les tomates, les fruits de toute espèce. Pour cela on prend des bouteilles à ouvertures plus ou moins larges, selon la grosseur des substances qu'on veut y introduire, et autant que possible d'une épaisseur de verre égale. On les remplit de légumes crus, ou, ce qui est préférable, blanchis dans l'eau bouillante. On ferme ces bouteilles hermétiquement avec des bouchons de liége fin; on les entoure d'un cordon de foin ou d'un sac de toile, afin de prévenir l'éclat de verre; puis on les place dans une bassine à fond plat, sur lequel se trouve un peu de paille. Cela fait, on verse de l'eau dans la bassine, de façon à ce que les bouteilles disparaissent jusqu'à la bague; puis on chauffe lentement et avec précaution. Lorsque l'eau a bouilli pendant une demi-heure, on la laisse refroidir graduellement; on retire ensuite les bouteilles, et on les goudronne. La petite quantité d'air contenue dans les bouteilles remplies a été ou chassée à travers le bouchon, ou absorbée par les conserves, ce qui est moins facile à comprendre; et, l'oxygène n'étant plus là pour développer la fermentation, les substances peuvent se maintenir en bon état pendant une année et plus. Au lieu de bouteilles, lorsqu'on veut opérer sur une grande échelle, on emploie des boîtes ou des caisses en ferblanc.

Procédé pour conserver les œufs.

C'est l'action de l'air qui corrompt et dessèche les œufs. Il s'agit donc pour les conserver frais d'empêcher que l'air ne pénètre par les pores de la coquille. On les enfouit dans des cendres, dans du sable fin ou du charbon en poudre bien tamisé, en ayant soin de les tenir séparés les uns des autres; ou bien, on les plonge pendant vingt secondes dans de l'eau bouillante, afin de coaguler l'albumine, c'est à dire de faire prendre le blanc, de le fixer à la partie interne de la coquille, de manière à ce que le passage de l'air n'ait plus lieu; après cela on les essuie avec un linge chaud, et on les dispose par étages dans de l'eau de chaux, et la pointe en bas. La chaux se dépose dans les pores, et fait en quelque sorte ciment à l'extérieur. Au lieu de les placer dans de l'eau de chaux, on peut les plonger dans de l'eau de gomme très épaisse, et les couvrir avec du charbon en poudre.

Autre moyen employé par les Chinois.

Les Chinois ont l'habitude de saler les œufs, ils les conservent ainsi pendant plusieurs années. Leur procédé est fort simple : il consiste à plonger les œufs dans une dissolution de sel de cuisine et à les laisser jusqu'à ce qu'ils tombent au fond. A ce moment, ils sont suffisamment pénétrés par le sel ; on les retire alors pour les sécher, et on les conserve en caisse. Ceux qu'on mange durs sont excellents et précisément au degré de salaison le plus convenable.

Conservation du vin de Bourgogne.

On sait que le vin de Bourgogne redoute la mer et les températures élevées. Un chimiste de province, connu déjà par plusieurs communications importantes faites à l'Académie des sciences, M. Batillat, de Mâcon, a découvert, il y a peu de temps, qu'en ajoutant au vin de Bourgogne 100 grammes d'acide tartrique par hectolitre, on faisait disparaître ces inconvénients, en lui donnant la propriété de supporter les voyages sur mer et les chaleurs tropicales, aussi bien qu'aux meilleurs vins de Bordeaux.

Moyen pour enlever les taches de cambouis et les boues de routes.

Pour enlever les taches de cambouis, on commence par verser sur les taches quelques gouttes d'essence de térébenthine, et on frotte légèrement, soit avec un morceau de linge, soit avec une éponge. On mouille ensuite de nouveau avec cette même essence de térébenthine et on répand dessus un peu de cendre passée au tamis. Au bout d'un quart d'heure, on enlève cette cendre, et on donne un coup de brosse. Si cette première opération n'a pas réussi, on la renouvelle, et la tache résiste bien rarement. Si le contraire arrivait, il suffirait pour réussir complétement de mélanger un jaune d'œuf avec de l'essence et de frotter la tache avec ce mélange.

Pour enlever les taches que laissent les boues de route sur certaines étoffes, on frotte avec du jaune d'œuf et on rince. Si les taches résistaient, on prendrait de la crème de tartre, on l'humecterait légèrement avec de l'eau, on en couvrirait les taches et on rincerait au bout de quelque temps.

Encre à marquer le linge.

Prenez deux bouteilles : dans la première, mettez 15 grammes de carbonate de soude et 15 grammes de gomme arabique, dissous dans 250 grammes d'eau de pluie. Dans la seconde bouteille, mettez 8 grammes de nitrate d'argent ou pierre infernale, et 8 grammes de gomme arabique, dissous dans trente grammes d'eau de pluie.

Ensuite trempez la partie du linge que vous voulez marquer dans le liquide de la première bouteille, et faites sécher ; une fois sec, prenez une plume et écrivez ce que bon vous semblera avec le liquide contenu dans la seconde bouteille.

Encre noire ordinaire.

Pour la fabriquer, on concasse 500 grammes de noix de galle, on verse dessus à peu près 8 litres d'eau bouillante. Au bout de 24 heures, on passe le tout dans un linge, afin de séparer la noix de galle, qui devient inutile ; on ajoute au liquide filtré 250 grammes de sulfate de fer ou vitriol vert, et 250 grammes de gomme arabique, et l'encre est faite.

GUIDE DES GARDE-MALADES.

DES TISANES.

I. Encore les tisanes.

Vraiment oui, encore les tisanes! car j'ai des choses importantes à dire, et dût-on m'accuser de rabâchage, je ne puis quitter un sujet que lorsqu'il est traité complétement.

Je me souviens de l'histoire d'un Gascon, qui cherchait une place de professeur et courait d'institution en institution.

— Monsieur, dit l'enfant de la Garonne avec cette outrecuidance pittoresque devenue proverbiale, ce n'est point pour me vanter, mais ze suis un puits inépuisable de connaissances. Donnez-moi le premier sujet venu, et ze parlerai dessus vingt-quatre heures, tant que vous le voudrez.

— Eh bien! Monsieur, lui répondit un homme de bon sens, dites-moi quel est le plus court chemin d'un point à un autre?

— C'est la ligne droite, reprit le Gascon. La ligne droite, en zéométrie, cette science admirable, qui....

— Permettez! mon avis est que le meilleur moyen d'enseigner, c'est de toujours suivre la ligne droite.

Croyez bien, cher lecteur, que je suis, moi aussi, de cette opinion. Si je me permets quelques digressions, quelques comparaisons, quelques anecdotes, c'est que je veux instruire sans trop vous ennuyer. Les hors-d'œuvre ne doivent pas être oubliés dans un dîner de cérémonie, et quand il n'y a ni beurre, ni olives, ni cornichons, on se rabat forcément sur le sel ou sur la moutarde. Trop souvent les hommes se rappellent qu'ils ont été enfants, et ils ne portent point les lèvres à la coupe des enseignements utiles si l'on n'en sucre un peu les bords. Permettez-moi donc de sucrer. Ce dernier mot me rejette tout droit dans mes tisanes...............................

VIII. Tisanes rafraîchissantes.

Une première série, et la plus nombreuse de toutes, se compose de tisanes *délayantes*, *humectantes*, *rafraîchissantes!* On les appelle ainsi parce-qu'en augmentant la partie aqueuse du sang, elles le délaient et calment son ardeur. C'est celles dont on fait usage dans le plus grand nombre des indispositions, parce que chaque malade en conçoit l'utilité pour calmer les symptômes qu'il éprouve : soif, chaleur, fièvre, dégoût, plénitude, etc.

Vous avec l'estomac dégoûté, le cœur sur la lèvre, et l'appétit est en déroute? de la tisane, une tisane délayante, bien vite, bien vite. C'est indiqué!

Vous avez de l'ardeur à la peau, le sang à la tête, les jambes vacillantes et les forces vitales anéanties? de la tisane rafraîchissante, et dépêchez-vous!

Vous souffrez de douleurs d'entrailles, de douleurs de reins, vous êtes tout *chose*, tout mal à l'aise, sans savoir précisément d'où vous souffrez? de la tisane rafraîchissante; vite de la tisane rafraîchissante!

Vous faites une grimace épouvantable, les yeux, le nez, la gorge ou les oreilles sont entrepris? c'est de l'irritation, de l'inflammation même, demandez ou préparez une tisane délayante.

Les mamans sont souvent les meilleurs medecins de leurs enfants; je me souviens encore des petites dispositions de mes premières années, jamais elles ne duraient longtemps.—Chaque fois que j'avais un bobo, un enrouement, un mal de tête, on me faisait

boire à satiété de grandes tasses d'eau d'orge ou d'infusion de mauve; car ma mère avait son petit système; toutes les maladies, pour elle, avaient la même cause: l'échauffement. Or, quand j'avais dénoncé mon malaise, le jugement était invariable, le même : c'est de l'échauffement ; et la sentence maternelle me condamnait aux boissons délayantes. Je crois que l'amour maternel possède invariablement un petit tiroir, une certaine case du cerveau où les premiers éléments de la médecine des enfants se trouvent écrits ou imprimés !

La série des tisanes rafraîchissantes se compose des infusions de violette, de mauve, de guimauve, de tussilage, de coquelicot, tantôt séparées, tantôt réunies ensemble sous le nom de *fleurs béchiques* ou *quatre fleurs ;* des fleurs douées d'une légère amertume comme la chicorée, le pissenlit ; des racines de guimauve, de réglisse, de graine de lin ; des décoctions d'orge, de chiendent ; des solutions de gomme ou d'amidon ; enfin, du petit-lait et des bouillons de veau, de poulet ou de colimaçon J'ai tenu à donner toute cette nomenclature, parceque nombre de fois, quand j'ai ordonné l'infusion de chicorée sauvage, le malade m'a objecté que c'était bien échauffant ; quand j'ai conseillé la décoction de chiendent, on a prétendu que c'était lourd et indigeste. Vous voyez que, d'après la classification pharmaceutique, on n'avait pas complétement raison.

IX. Tisanes acidulées ou astringentes.

La seconde série comprend les boissons acidulées, lesquelles crispant la muqueuse en suspendant, jusqu'à un certain point, la circulation sanguine, sont, pour cette raison, appelées astringentes.

N'avez-vous pas remarqué, quand vous veniez de manger une salade un peu vinaigrée, quand vous aviez sucé du citron ou de l'orange un peu verte, que vos deux lèvres devenaient blanches ? L'acide pince la muqueuse, resserre les petits vaisseaux sanguins qui rampent dans son intérieur. Plus de sang, partant, plus de couleur.

Certainement, le goût est agréablement stimulé : les glandes salivaires crispées, comme tout le reste, sécrètent leurs produits liquides. L'eau vient à la bouche rien qu'en en parlant.

Aussi, au milieu des chaleurs de l'été, après les jeux si remuants de l'enfance et après une course, une partie de barre ou de cerceau, quelle est la boisson la plus agréable ? La limonade, le sirop de groseilles ou autres boissons analogues. — Allons, chers enfants, courtisez vos mamans, approchez-vous tout ruisselants de la marchande. Soyez polis, mais faites-vous servir. Le formulaire, le code des pharmaciens indiquent comme boissons, comme tisanes acidulées les décoctions de racines de bistorte, de tormentille; les solutions de cachou, de gomme kino; les sucs acides des végétaux, tels que citrons, oranges, groseilles, épine-vinette, oseille, etc., le vin dur (la piquette), le vinaigre et même quelques acides minéraux, comme l'acide sulfurique, chlorhydrique, etc., étendus d'une quantité suffisante d'eau.

Les tisanes acides sont, elles aussi, rafraîchissantes, mais elles ont de plus des qualités que n'ont pas les simples boissons délayantes; elles servent à combattre les fièvres bilieuses, les émorrhagies, les écoulements muqueux; elles modèrent les sueurs trop abondantes; elles arrêtent les diarrhées et les dyssenteries.

Il faut éviter de les donner lorsqu'il existe quelque irritation de la gorge et des voies aériennes, parcequ'elles déterminent souvent de la toux, et alors, mécaniquement, elles augmentent l'inflammation.

X. Les tisanes sudorifiques.

Dans une troisième série, on trouve les tisanes sudorifiques qui sont les infusions de fleurs de sureau, de feuilles et fleurs de bourrache, les feuilles de sauge, les semences d'anis, de fenouil, de carotte, etc., les décoctions de racines de bardane, de patience, de tiges de douce-amère et de bois de racines exotiques, tels que le gaïac, la squine, la salsepareille, le sassafras, dont la réunion forme ce qu'on appelle *les bois sudorifiques*.

Ces tisanes conviennent dans tous les cas où il faut exciter la chaleur à la peau et y exciter la transpiration.

Disons bien franchement que ces tisanes demandont à être bues chaudes et que, très-probablement, elles doivent la moitié de leur qualité sudorofique à la chaleur dont elles sont imprégnées ; la transpiration produite dépend aussi beaucoup de la quantité de liquide que l'on boit.

Aux yeux de bien des gens, la transpiration provoquée, des sueurs abondantes semblent les meilleurs de tous les remèdes ; à les entendre, le prin-

cipe de la maladie s'échappe avec les sueurs qui s'exhalent de la peau. C'est une croyance qui devient nuisible quand elle est appliquée à toutes les altérations de la santé. Dans les maladies où la respiration est gênée, pénible ; dans les affections accompagnées de faiblesse générale de débilité évidente, les tisanes sudorifiques deviennent contraires, parce qu'elles augmentent l'activité de la circulation, parce que les sueurs produites deviennent fatigantes, etc., etc.

Je me souviens de l'épidémie de suette qui suivit le dernier choléra ; nombre de villages étaient décimés par ce nouveau fléau. Le ministère de l'agriculture et du commerce donna mission à un certain nombre de médecins d'aller étudier l'épidémie et de travailler à en arrêter les désastres. Je fus au nombre des médecins choisis, et je trouvai la mission bien facile à remplir ; la méchanceté de la maladie était causée par deux raisons capitales : la peur d'une part, et de l'autre cette malheureuse croyance que la transpiration doit tout guérir.

— Un tel est mort hier, me disait un paysan, et pourtant, monsieur le docteur, il avait sué trente, quarante chemises !

Sur les lits des gens atteints par l'épidémie, on élevait la montagne redoutable de toutes les hardes de la famille : jupons, vieilles robes, vieux habits ; une friperie toute entière.

Or, en cas de *suette épidémique*, la transpiration à elle seule constitue le caractère de la maladie. Au lieu d'arrêter le mal, on l'aidait, on le faisait courir en chemin de fer ; on croyait éteindre l'incendie en l'arrosant avec de l'huile. Il me fallut gronder, représenter, crier, plaisanter, commander, et quand j'eus obtenu l'abstention des tisanes sudorifiques, quand j'eus bien persuadé que l'on ne devait pas trop couvrir les malades, l'épidémie devint si bénigne que, pendant huit jours, elle ne produisit pas un seul décès.

XI. Les tisanes toniques ou excitantes.

250. — Que voulez-vous, bon vieillard au dos voûté, à la démarche vacillante, que cherchez-vous dans votre armoire, que versez-vous ainsi dans le

verre que vous portez à vos lèvres, tout en tremblottant?

Vous voulez un peu plus de vigueur, il faut un petit

coup de fouet à cette monture qui ne marche plus que bien lentement : Buvez, buvez, buvez ! c'est un liquide tonique, une boisson excitante; vous aviez une bouteille de Médoc, on vous a prescrit du vin de Madère au quinquina; c'est bien, c'est bon pour votre situation. Seulement, souvenez-vous bien de cette vielle maxime : Usez, mais n'abusez pas.

Les tisanes excitantes sont nécessaires dans les maladies qui proviennent du relâchement de quelques tissus. On les conseille et elles réussissent dans les pâles couleurs, dans les hydropisies, dans les paralysies, et dans toutes les maladies de la vieillesse. Ce sont les infusions de camomille, de petite centaurée, d'armoise; les décoctions de quinquina, de racine de gentiane, enfin les boissons fermentées : vin, cidre ou bière, sont bien connus pour leurs effets toniques; on donne rarement ces boissons pures, on les étend d'eau, et on les mêle à quelques aromates.

XII. Tisanes antinerveuses.

251. — C'est notre dernière catégorie : tisanes antinerveuses, antispasmodiques. Le nom seul en indique l'usage. Connaissez-vous rien de plus désolant que ces maladies appelées anomalies nerveuses. Point de fièvre, une figure de prospérité, des couleurs roses et fraîches, enfin toutes les apparences de la santé, et derrière tout cela des souffrances atroces. Les maladies nerveuses sont d'autant plus pénibles qu'elles n'excitent la compassion de personne. Et puis, comme ce vieux Protée, qui prenait à sa guise toutes les formes, toutes les tournures, elles renferment mille tons, mille variétés dans leur façon d'être. Depuis la simple vapeur jusqu'à la crise proprement dite, depuis le tic du visage jusqu'aux plus horribles convulsions, on trouve bien des milieux, bien des différences, bien de pénibles détails. Les nerfs sont comme les langues d'Ésope, ils ont leur côté excellent. C'est par eux que nous sentons;

que nous apprécions l'existence, que nous vivons en quelque sorte, mais aussi, c'est par eux que nous

arrivent les douleurs les plus cuisantes, les tortures les plus pénibles, les épreuves les plus difficiles.

La médecine, devant les maladies nerveuses, est souvent contrainte d'avouer humblement son impuissance. Elle les attaque avec courage, elle y déploie toute sa logique et la plus savante stratégie. Le mal, comme un diable malin, reste invulnérable et rit de de toutes ces attaques. Parfois, pourtant, il fait la grimace, et, s'il n'est pas tué sur place, il est du moins contraint à la retraite; c'est que, par bonheur, on a trouvé le défaut de la cuirasse, c'est qu'on a frappé juste. Les tisanes anti- nerveuses sont les armes qui y réussissent assez souvent.

Cette dernière catégorie comprend les infusions de fleurs de tilleul, de fleurs et feuilles d'oranger, de feuilles de mélisse et de menthe, de racines de valériane et de toutes les plantes aromatiques pourvues de principes huileux actifs.

Toutefois, je ne veux pas être la cause de quelques fautes en fait de médicamentation, et je dois faire remarquer que les boissons anti-nerveuses, dont je viens de donner la nomenclature, ne conviennent point dans les maladies nerveuses compliquées de symptômes inflammatoires. Avant de les administrer, il est bon de questionner le malade, d'exminer si sa langue est rouge, de tâter si le pouls est fébrile, de savoir enfin si, derrière les accidents nerveux, ne se cachent pas les Principes d'inflammation. Et, dans ce dernier cas, il conviendrait d'avoir recours aux simples tisanes délayantes.

Il existe sans doute bien d'autres sortes de tisanes: les diuréliques, les vermifuges, que sais-je, moi? Mais j'ai du me borner à la classification médicale, et ne m'arrêter qu'aux boissons dont on fait un usage plus fréquent et plus habituel.

Au lieu de compter tant de sortes de tisanes, il serait à désirer que l'on pût avoir une tisane unique, susceptible de convenir à toutes les maladies. Les anciens, avec leur tisane d'orge, croyaient avoir résolu ce problème, mais les modernes pensent qu'il est insoluble. « Ce n'est pas, dit M. Mérat, qu'on ne puisse donner une boisson qui ne fera jamais de mal, et la *tisane commune* des hôpitaux, composée avec le chiendent et le réglisse, est dans ce cas; mais il y a loin entre ne pas nuire, quoique cela soit déjà précieux, surtout dans les affections obscures, et être utile et médicamenteux. *Dans le doute, abstiens-toi* doit être ici la devise à suivre, et il vaut mieux n'employer que des moyens insignifiants, mais sans danger, que de se servir de ceux qui pourraient présenter quelque incertitude dans leur application. »

XIII. Quelle doit être la température des tisanes.

252. Cette question est plus importante qu'elle ne le paraît au premier abord. Effectivement la température d'une tisane n'est point une chose indifférente. Donnée chaude dans une indisposition hémorragique, la tisane peut déterminer de graves accidents ; donnée froide dans certaines maladies éruptives, elle peut faire rentrer le mal et occasionner une catastrophe.

Il existe dans le monde une erreur assez générale à ce sujet. On s'imagine que toute tisane doit être bue bien chaude ; que le malade se plaigne ou réclame qu'on le brûle, tant pis pour lui : on lui répond flegmatiquement que c'est pour son bien ; et j'ai entendu de mes deux oreilles des familles entières attribuer la mort d'un parent qu'elles avaient perdu à la sottise d'un médecin qui avait prescrit des tisanes fraîches. Il est donc bien important de s'expliquer là-dessus.

Et d'abord, dans le plus grand nombre de cas, les tisanes doivent être seulement tièdes, de 25 à 30 degrès Réaumur, c'est-à-dire un peu au-dessus de la température extérieure du corps humain.

Maintenant, il est des cas où l'on peut les donner brûlantes, quand on veut déterminer d'autorité une abondante transpiration; par exemple, mais il est des cas, aussi, où il faut les donner absolument froides. C'est quand les maladies sont compliquées d'accidents nerveux, de faiblesse ou de délire. etc.

Un jour, je fus mandé à quarante lieues de Paris par des parents en alarme.

Un de leurs enfants, jeune homme de vingt-six ans, après vingt-cinq jours d'une fièvre typhoïde, était pris d'accidents nerveux qui faisaient redouter un dénouement fatal. Trois confrères de province, réunis en consultation, avaient déclaré l'état excessivement grave, et n'avaient laissé entrevoir que bien peu d'espérance. J'arrive, j'examine, je trouve le malade dans une transpiration de mauvaise nature, les yeux hagards, la tête en délire, la langue rude et sèche comme du bois, le pouls sec, fréquent, caractère essentiellement nerveux' On gorgeait le pauvre garçon de tisane, non seulement chaude, mais brûlante. Je demandai carte blanche à mes confrères, et je m'établis pendant vingt-quatre heures le garde-malade du moribond. Tout d'abord, je diminuai la montagne de couvertures dont on l'avait surchargé ; au lieu des monceaux d'oreillers placés sous sa tête, je mis un coussin de balle d'avoine, et proscrivant toute tisane chaude, je fis avaler deux ou trois cuillerées d'eau pure.... Il y eut léger mouvement de satisfaction dans le visage du patient, je lui fis boire alors doucement, tout doucement un grand verre de ce liquide qui humecta un peu la langue. Le délire alla en diminuant. Toutes les demi-heures le malade but son verre d'eau, et le soir sa langue était humide. La connaissance lui revint dès le lendemain; on continua les boissons froides, ét trois jours après, le vingt-neuvième jour de la maladie, le moribond entrait en convalescence.

Je conjure toutes les personnes qui se gendarmen contre les tisanes froides de bien lire et de bien méditer cet exemple, dont je certifie, sur mon honneur, la complète véracité.

Ext. de la Santé Universelle, Guide méd. des familles.

GOURMANDISE CHEZ LES HOMMES FAITS.

DEUX EMPEREURS (1)

L'EMPEREUR VITELLIUS.

I.

Attentat sur Vitellius.

383. Une journée orageuse et brûlante venait de s'écouler, et aux approches de la nuit le ciel se chargeait d'un triple rideau de nuages, qui sortaient du couchant et s'élançaient rapidement au-dessus des collines qui environnent Misène. Cette masse de nuées avait intercepté les derniers rayons du soleil et précipité l'heure des ténèbres. Tout annonçait une entrée de nuit lugubre, et vouée d'avance aux mystérieuses horreurs des mauvais génies.

Un groupe de cavaliers gravissait en ce moment une colline conduisant à une maison de campagne possédée autrefois par Lucullus. Monté sur un superbe cheval blanc, l'un d'eux précédait la troupe de quelques pas. Si la richesse de ses vêtements le si-

(1) Tous les détails culinaires, renfermés dans ces deux nouvelles, sont absolument historiques.

gnalaient comme un personnage de distinction, son front plissé et chargé d'inquiétude avait quelque chose de soupçonneux et de tyrannique. Ses joues étaient grasses et bourgeonnées, et sous son menton descendaient en étages les replis caractéristiques d'une peau huileuse, doublée du plus formidable embonpoint. Tout, chez cet homme révélait un être dégradé par la table et bouffi par l'opulence. Sa figure seule était capable de représenter allégoriquement toutes les hontes du Bas-Empire. Cet homme était Vitellius.

Il se rendait à sa maison de compagne, accompagné seulement de quelques centurions. Il allait cacher dans la solitude des bois les tracas de son odieux gouvernement, et dissiper au grand air les lassitudes de son corps brisé par les débauches de la table.

Son approche avait déjà été signalée à la Villa, et les esclaves disposaient tout avec précipitation pour recevoir leur maître.

Au moment où l'empereur romain soucieux, hébété, pensif, faisait les premiers pas dans le parc somptueux qui entourait sa maison, il vit sortir tout à coup du milieu des broussailles un esclave qui saisit la bride de son cheval, en s'écriant :

— César! César! n'entrez pas dans cette maison, ou, par Jupiter, sortez en bien vite.

Les tyrans sont lâches. Vitellius porta la main à ses armes : il avait eu peur de son esclave d'abord, et puis il eut peur de sa révélation.

— Que veux-tu dire? balbutia-t-il.

— Je veux dire, César, que cette nuit même un complot doit éclater contre vous, et que cette nuit même...

En ce moment les gardes de l'empereur s'étaient approchés; ils entourèrent esclave et maître : l'esclave se troubla.

— Eh bien! fit Vitellius.

— On doit vous assassiner! balbutia le serviteur avec un embarras manifeste.

— Tu mens, répliqua Vitellius avec fureur.

— César, je vous certifie.

— Tu mens, te dis-je.

Et se tournant vers les centurions :

— Assurez-vous de cet homme, s'écria-t-il.

Ce disant, il mit son cheval au galop et entra dans sa Villa.

Il y était venu seul, ce jour-là. Pas un courtisan pour le flatter, pas un compagnon de table pour lutter de gourmandise, pas un homme d'esprit pour le distraire, moyennant tant la journée. Vitellius avait depuis trois jours un de ces pressentiments indéfinissables, qui semblent les mystérieux avant-coureurs du danger.

Aussi les avertissements de l'esclave lui firent-ils une impression réelle. Il mangea dix heures de suite pour se remettre de son émotion et se refaire un peu des fatigues de la journée.

Quand le tyran se mit au lit, il eut beau se tourner et se retourner sur sa couche, il ne put dormir. L'inquiétude le dévorait, et le mystère de l'étrange conduite de l'esclave revenait sans cesse l'obséder; son imagination lui présentait mille fantômes.

Cédant enfin à l'empire de la terreur, il fit venir l'esclave qu'on avait emprisonné, et ayant ordonné à ses gardes de se retirer.

— Parle, lui dit-il; si tu as troublé inutilement mon sommeil, tu subiras, par une mort affreuse, le châtiment de ton crime; si tu m'as dit vrai, je te promets l'affranchissement.

— Maître, vos jours sont en danger; un assassin, un de vos centurions, précisément, doit pénétrer ici pour vous poignarder.

Comme il achevait ces mots, la porte de l'antichambre grinça en s'ouvrant doucement, puis des pas douteux se font entendre. Quelqu'un s'avançait vers la chambre de Vitellius.

C'est lui, c'est lui, murmura l'esclave en indiquant du doigt à Vitellins le côté d'où venait le bruit. Mais n'ayez aucune crainte et laissez-moi vous sauver.

L'esclave s'était déjà retiré derrière une draperie, tandis que Vitellius, renversé sur sa couche, semblait plongé dans un sommeil qui n'était que factice. La porte s'ouvre, et aux pâles lueurs de la lampe, s'avance traîtreusement un centurion, tenant un poignard dans sa main.

Vitellius se sent saisi d'une agitation nerveuse en voyant étinceler l'acier; le froid de la lame semble lui traverser déjà la poitrine. Il frissonne et fait un mouvement involontaire. L'assassin s'arrête, ses yeux féroces suivent avec rage les mouvements du corps qu'il va frapper; il croit déjà jouir des dernières convulsions de sa victime.

L'esclave veillait. Plus rapide que la panthère, il pousse un cri terrible et s'élance sur le centurion.

Attaqué à l'improviste et saisi violemment au cou, le meurtrier n'avait pu dégager son bras à temps pour frapper l'agresseur, ils roulèrent un instant sur le sol; puis, se relevant, la lutte continua, terrible et sanglante, en présence de Vitellius, immobile et muet de terreur.

Profitant d'un faux pas, le centurion venait d'enfoncer sa lame dans le bras de l'esclave, quand ce dernier l'étreignit avec toute la puissance d'un démon en délire, le souleva de terre et le poussant violemment, le fit rouler sur le sol jusqu'à l'extrémité de la chambre, tandis qu'épuisé d'efforts et baigné dans son sang, il allait lui-même tomber au pied de la couche de Vitellius.

Tous les gens de la maison furent sur pied et arrivèrent torches en main. On s'empressa de porter du secours à l'esclave, et le cadavre du centurion fut relevé et jeté dans l'un des viviers de César.

L'esclave Pito fut affranchi, mais resta au service de Vitellius.

II.

Une orgie romaine.

Trois ans après, le vieux tyran donnait un festin à Rome.

Le festin d'un empereur romain était une orgie qui se prolongeait quelquefois huit jours et huit nuits.

On buvait, on mangeait, et l'on remangeait : c'étaient des festins de Sardanapale ou de Balthasar; on ne semblait né alors que pour la digestion.

Vitellius avait donc envoyé chercher en Arménie des abricots et des cantalous; chez les Perses, des noix et des pêches; chez les Mèdes, des citrons.

Il avait fait lui-même un voyage en Syrie pour y chercher des pistaches.

Heureusement que Jacques Cœur n'a importé les dindons en Europe qu'en 1450; ils eussent été rôtis inévitablement pour Vitellius. Heureux dindons! vous avez échappé à un autodafé !

Mais le célèbre Apicius, dont Sénèque, Pline et Juvénal, font grand éloge, avait dépensé deux millions et demi pour tenir une école de bonne chère. Les sauces piquantes ne pouvaient manquer. Apicius avait aussi décrit l'art de manger le vanneau, question fort délicate pour la gastronomie.

Tous les éléments d'un bon dîner allaient donc se trouver réunis, et tous les ventrus du temps étaient convoqués; car toujours il faut s'écrier, avec un de nos meilleurs poëtes :

C'est donc par des dîners qu'on gouverne les hommes !

N'importe! était-ce un dîner diplomatique que Vitellius donnait? Non. Pour lui, du moins, c'était la bosse de la gourmandise qu'il désirait remplir.

Les Romains de ce temps-là ne connaissaient que deux affaires, qui sont : de dîner le matin et de souper le soir ; ils faisaient de la vie un banquet. Saint Paul n'avait pas encore flétri comme une honteuse idolâtrie le culte du ventre, et les néo-platoniciens des troisième et quatrième siècles n'étaient pas plus écoutés qu'on avait suivi les préceptes de Pythagore et des stoïciens, concernant la sobriété.

Vitellius devait donc surpasser en ce jour Héliogabale, dont chaque repas coûtait à l'Etat huit cent mille francs.

Lucullus, l'un des plus fameux gourmands de Rome, Lucullus, qui improvisa pour Cicéron et Pompée un repas qui coûta quarante mille francs, repas auquel le tragédien Esope fit dissoudre des pierres précieuses dans les mets qu'on lui servit : Lucullus n'allait pas à la cheville de Vitellius.

Mollement étendus sur des lits, les convives fêtaient leur empereur, le César de la gourmandise. Ce souper ou *cœna* se composait de sept services, sans compter le dessert.

Il y avait sept mille oiseaux et deux mille poissons de choix. Un plat de cervelles de paons et de langues de phœnicoptères coûtait deux cent mille francs. Des vaisseaux étaient allés, pour les chercher, jusque sur les côtes d'Afrique, au détroit de Gibraltar ; et l'on avait envoyé des troupes de chasseurs jusqu'aux monts Krapachs. Un autre plat contenait les cervelles de six cents autruches, qu'il avait fait prendre à grands frais par des cohortes de chasseurs ; un autre des talons grillés d'un nombre considérable de jeunes chameaux ; un autre de barbillons et de poissons rares.

Puis le dernier jour du festin, le quatrième, un plat de langues de perroquets et de rossignols devait couronner la fête.

De même que le sénat s'assembla, sous Domitien, pour décider à quelle sauce on apprêterait un turbot, on discuta quatre jours à quelle sauce devait être servie cette rare friandise.

L'esclave qui avait sauvé la vie à Vitellius avait été chargé de réunir les éléments de ce mets; on lui avait confié le rôle de chef d'office, depuis qu'il était devenu le favori du tyran, qu'il avait sauvé du poignard du centurion.

Mais si une partie des perroquets qu'il faisait venir des lointains parages succombaient aux fatigues de la route, d'un autre côté les rossignols ne se laissaient guère prendre. La méthode de les saisir en leur mettant un grain de sel sur la queue n'était pas encore inventée.

On attendit!

III.

La reconnaissance de la gourmandise.

385. Le festin se prolongea donc outre mesure. Le vin de Syracuse coula à pleins bords. Le cécube, débordant, rougissait les tables. Ils avaient bu comme des rameurs du Tibre, à Bacchus et au Falerne!

Vitellius devint sombre et funèbre à la fin du repas. De son côté, l'esclave se désolait de ne point voir arriver à temps les langues qu'on attendait.

Plus tard, l'illustre Vatel se suicida en pareille circonstance; mais l'esclave n'avait point de gloire à conserver, il s'était au contraire dévoué : on lui devait de la reconnaissance.

De l'impatience Vitellius passa à la colère, de la colère à la fureur : sa gourmandise était trompée.

En ce moment, les fenêtres de la salle du festin, donnant sur les jardins, étaient grandes ouvertes; une brise légère et douce soufflait. La lune projetait çà et là sur le sol l'ombre des grands arbres, et des bosquets fleuris, qui ornaient une verte pelouse, partit le chant mélodieux d'un rossignol, qui venait égayer de ses concerts les sybarites du repas.

Vitellius bondit sur sa couche : ce chant lui semblait un défi insolent de l'oiseau moqueur à sa puissance. « Qu'on conduise Piso en ma présence, » ordonne-t-il aux esclaves qui le servaient. Piso fut amené.

« Ecoute, Piso, lui dit Vitellius, se soulevant à moitié sur son lit de festin, écoute le chant de cet oiseau. Si, lorsque la lune aura rejeté de l'autre côté de la pelouse l'ombre de cet olivier, tu ne sers pas à ma table le plat de langues que j'attends, ma colère sera terrible, je t'en préviens ! »

Il dit, et l'esclave se retire dans une morne anxiété.

Après quelques légères roulades, le chantre du bocage s'en fut chanter plus librement loin de la demeure des tyrans. Et l'ombre de l'olivier gagnait rapidement le bord de la pelouse.... le trajet fatal fut dépassé. Adieu, espérance !

Piso, entouré de paille et enduit de résine, fut attaché à un pieu, au milieu de la pelouse, près du bosquet où avait chanté le rossignol, et le feu fut mis à ce bucher humain.

L'EMPEREUR NAPOLÉON.

(Extrait de la Santé du Peuple).

386. Un homme dont le nom est devenu synonyme de conquête, car il sut dépasser en vaillance les plus grands généraux de l'antiquité, — Napoléon ! — était d'une sobriété désespérante pour les mangeurs qu'il admettait à sa table.

Un plat, deux tout au plus, une demi-bouteille de vin, et le repas était complet, — C'était l'affaire de quinze à vingt minutes. Aussi M. Carême, l'historien de la cuisine, — un drôle de nom pour une semblable profession, — M. Carême, qui a écrit cinq gros volumes in-8° sur l'art de manger, ne pouvait-il entendre l'éloge de Napoléon sans se révolter, et c'était la bouche grimaçante, la figure dédaigneuse, qu'il répondait aux admirateurs du grand homme :

— Napoléon !... je l'ai vu déjeûner vingt fois avec des haricots blancs à l'huile !

Un jour, Napoléon avait mandé son conseil, et plusieurs des personnages qu'il attendait n'arrivaient pas. L'un avait la fièvre, l'autre avait la goutte, un troisième, — c'est l'histoire du temps qui le rapporte, — soignait une indigestion qu'il avait gagnée en mangeant des croûtes de pâtés.

Corvisart, le médecin de tous ces hauts dignitaires, arriva chez Napoléon avec son regard fin, sa démarche de bonhomme et son habit vert, devenu proverbial ; il apportait toutes les excuses de ses malades. Napoléon le laissa dire, et puis, croisant ses bras sur sa large poitrine, hochant cette tête carrée marquée au sceau du génie :

— Savez-vous bien tout ce que cela prouve, docteur ? lui dit-il ; c'est qu'il y a quelque chose de plus difficile que le courage militaire, quelque chose de plus difficile que le courage politique : c'est le courage hygiénique !

(*Extrait de la* SANTÉ UNIVERSELLE, *mois de juin* 1852. 9° *numéro*).

ECOLES D'APPRENTIS.

Nous sommes heureux de mentionner comme appartenant à l'instruction primaire les *Ecoles des apprentis* créées dans quelques villes industrielles, et souvent dans les dépendances de grandes manufactures. Là, de jeunes garçons, qui suivraient difficilement les écoles ordinaires, reçoivent, avec l'instruction morale et religieuse, un enseignement spécial, professionnel.

Sans avoir la pensée d'affaiblir les services réels que rendent les *Ecoles d'apprentis*, nous pensons cependant que les enfants ne peuvent, en général, faire marcher de front, du moins avec avantage pour eux, et leur éducation première et l'apprentissage de leur profession.

Les réflexions suivantes, que nous empruntons à l'ouvrage de M. Frégier (1), confirment notre opinion.

« L'union de l'apprentissage avec l'instruction, dit-il, n'est vraiment utile que lorsque l'enfant, pourvu des premiers éléments de celle-ci, est jugé assez fort corporellement pour se livrer aux fatigues d'une profession mécanique. Dès lors, en souscrivant le contrat d'apprentissage, les parents, dont le salaire est assez élevé pour leur permettre d'accorder à l'entrepreneur ou au chef d'atelier un laps de temps plus long que celui qui forme la mesure ordinaire du temps d'ap-

(1) *Des classes dangereuses de la population.*

prentissage, stipulent en retour de cette concession, tout à l'avantage du maître, que leur enfant disposera pendant la journée de tel nombre d'heures pour suivre un cours de dessin linéaire ou de perfectionnement. A défaut de la prolongation du temps d'apprentissage, ils donnent à l'entrepreneur une somme d'argent représentative de ce même temps d'apprentissage. En un mot, par une prévoyance sage et louable, le père de famille ménage à son fils le moyen de gagner sa vie de la manière la plus convenable à sa condition, en apprenant un métier et en complétant son éducation. Ce procédé me paraît le seul qui doive être recommandé, parcequ'il est conforme à la raison, à l'intérêt de l'enfant et de sa famille en même temps qu'à l'intérêt du maître.

« A Paris, les ouvriers économes et rangés n'élèvent pas autrement leurs enfants. Ceux-ci sont instruits dans un cours particulier fondé pour eux par les Frères de la Doctrine Chrétienne. » Puisque l'occasion nous est offerte de nommer ces sages instituteurs, empressons-nous de rendre hommage à leur zèle, à leur dévouement et de reconnaître les importants services qu'ils rendent à l'instruction primaire, soit dans la direction des écoles d'enfants, soit dans la direction des classes d'adultes.

Des *Sociétés industrielles*, établies dans plusieurs villes, ont compris les besoins de l'éducation professionnelle, et ont fondé les plus utiles établissements pour la classe ouvrière. Mulhouse et Nantes sont depuis longtemps entrées dans cette carrière, où d'autres cités les ont suivies.

L'*Ecole des apprentis* créée à Nantes par la Société industrielle de cette ville, en faveur des enfants de la classe pauvre, est gouvernée d'après les règles que nous venons d'indiquer ; « c'est à dire que partie de la journée de l'apprenti, qui a puisé avant sa mise en apprentissage les premiers éléments de l'instruction dans l'école primaire, est employée à l'école spéciale avant l'heure du déjeuner des ouvriers et que le surplus appartient au travail de l'atelier. » Cette Ecole a atteint un haut degré de prospérité. En même temps qu'elle vient en aide à la classe laborieuse en se chargeant du soin de placer les enfants qu'elle a pris sous sa tutelle, elle prépare pour l'industrie une pépinière de bons ouvriers. Il est à désirer que de semblables écoles s'élèvent dans de grands centres manufacturiers. Elles méritent de fixer l'attention de toutes les personnes qui attachent avec raison la plus sérieuse importance à la bonne direction donnée à la première éducation.

La ville de Lyon est redevable à la générosité d'un de ses enfants, le major-général Martin (1), de la fondation d'un établissement où de jeunes enfants destinés à devenir ouvriers, reçoivent une instruction tout à la fois théorique et pratique. L'Ecole la Martinière, ainsi nommée du nom de son fondateur, est une école préparatoire aux métiers et aux arts. « Elle applique à une instruction forte et solide les années ordinairement oisives qui s'écoulent entre l'enseignement primaire et le temps de l'apprentissage. On y professe la chimie, en la considérant surtout dans ses applications à l'art de la teinture ; la physique générale, la mécanique élémentaire, les principes du

(1) Claude Martin, fils d'un tonnelier, né à Lyon en 1752. Il partit simple soldat pour les Indes, et y mourut dans le poste élevé de major-général. Il légua par son testament 1,800,000 fr. pour la fondation et l'entretien d'un établissement d'utilité publique dont il confia la création et l'organisation à l'administration municipale et à l'Académie des sciences de Lyon.

dessin, en un mot, les sciences qui peuvent le mieux servir l'ouvrier dans la carrière spéciale dont il fera choix plus tard. L'âge tendre des enfants qui y sont admis est celui de la vie où il importe le plus à l'artisan de prendre des habitudes d'activité et d'ordre : une fois contractées, elles ne se perdent plus, et se fortifient de toute la puissance qu'acquiert, en se développant, l'intelligence du jeune élève. Considérée sous ce point de vue, l'influence de l'Ecole la Martinière sur la morale publique est plus grande encore, s'il se peut, que son action sur les progrès de l'industrie. » (1)

Une généreuse émulation se manifeste dans le Pouvoir comme dans la société au profit des classes laborieuses. On cherche, on veut pour elles non seulement l'accroissement de bien-être que produisent la paix et l'activité du travail, mais l'amélioration morale qui résulte du progrès bien dirigé de l'instruction. La création des Salles d'Asile, les encouragements donnés à l'enseignement primaire, la fondation d'établissements plus spécialement destinés à l'instruction qui convient aux apprentis, les ressources affectées à l'entretien et au développement des classes d'adultes, tout concourt, en un mot, à démontrer aux travailleurs que « s'ils ne sont pas les fils aînés de la grande famille humaine, ils n'en sont pas tout à fait les enfants déshérités. » La société, en effet, ne perd pas de vue leurs intérêts les plus chers ; elle s'efforce de les éclairer, de les instruire par une éducation appropriée à leurs besoins, éducation dont l'enfant, l'apprenti et l'homme fait sont tour à tour appelés à profiter.

Louis Bellet,
auteur du *Code-Manuel des Ouvriers*,
du *Code de la Famille*, etc.

(1) M. Monfalcon, *Code moral des Ouvriers*.

Résumé chronologique des inventions et découvertes.

Les arts et la civilisation avaient atteint leur plus haut période lorsque l'invasion des barbares vint anéantir tous les progrès et rejeter l'Europe dans l'ignorance. Au commencement du cinquième siècle les sauvages des frontières de la Chine attaquèrent et firent refluer d'autres sauvages du levant au couchant. Les peuples du Nord, de l'Asie et de l'Europe se pressèrent, se ruèrent les uns contre les autres, et se précipitèrent sur l'empire romain. Mayence fut prise et détruite; des milliers d'hommes, de femmes et d'enfants y furent massacrés dans les églises; Worms, Reims, Amiens, Arras, Tournay, Strasbourg, les Aquitaines, les Lyonnaises et Narbonnaises eurent le même sort. Ces dévastations ne rencontrent d'analogues nulle part. Parmi leurs émules, les Quades, les Vandales, les Sarmates, les Alains, les Saxons, etc. les seuls Goths surent se servir avec plus de profusion que de goût des riches trésors d'art enlevés aux Romains. Enfin, le christianisme qui protégeait à la fois les intérêts matériels et spirituels, créa de nouveau les arts et l'industrie. Deux moines persans, après un long séjour en Chine, repassèrent les mers, et rapportèrent à l'empereur Justinien des œufs de vers à soie. Cette précieuse culture est arrivée aux plus magnifiques résultats. Le mûrier ne fut cependant introduit que sous Charles VIII dans la culture française, et il ne prit que sous Henri IV les développements qui lui étaient nécessaires.

Sous Clovis II, S. Landry fonda à Paris un lieu de refuge pour les pauvres et les voyageurs; c'est l'origine des hospices. S. Paulin, au cinquième siècle, et le pape Sabinien, au septième, mirent en usage les cloches pour appeler les fidèles à l'église. La plus grosse cloche connue est celle d'un couvent situé à Moscou. Elle a quarante-et-un pieds de tour, et pèse mille quatre cents quintaux. Les plumes à écrire furent connues à la même époque, et multiplièrent les bons écrits et les connaissances diverses, alors ignorées.

Alors que l'Europe cherchait péniblement à secouer les langes de la barbarie, les Arabes cultivaient les sciences et les arts, qu'ils transportèrent en Espagne avec leurs armes victorieuses. L'Italie s'instruisit à leur école, et se plaça à la tête de la civilisation moderne. La première foire s'ouvrit à Aix-la-Chapelle, en présence de Charlemagne, qui y avait établi sa résidence. Tous les peuples y furent représentés; tous les produits de l'industrie du monde y trouvèrent des débouchés importants. C'était pour le temps de Charlemagne (huitième siècle) plus que l'exposition universelle de Londres pour le dix-neuvième. — L'influence fut immense. Des écoles furent établies, les horloges furent introduites. La première avait été envoyée à Pepin-le-Bref par le pape Paul Ier. Charlemagne reçut la seconde du fameux calife Haroun-al-Rachild. Les croisades aux douzième et treizième siècles accélérèrent le mouvement commercial, industriel et artistique. Les toiles de chanvre, les miroirs en verre étamé, l'usage de la houille, de notables améliorations d'édilité attestent la marche progressive de l'esprit du temps. Le quatorzième siècle est le siècle des grandes découvertes de la boussole, du papier, de la poudre à canon. Vers le milieu de ce siècle, le médecin Arnaud inventa l'eau-de-vie. Les lunettes eurent pour auteur le Florentin Salvino ou le Pisan Spina.

Les chandelles étaient un objet de luxe, comme aujourd'hui la bougie diaphane. Avant 1300, on ne s'éclairait qu'avec des éclats de bois dans les chaumières; on avait l'huile pour les salons. Les chapeaux datent de Charles VI. Précédemment, on portait des bonnets, des mortiers et des chaperons. Les cartes à jouer, particulières à la France, furent inventées sous Charles VII, par un peintre nommé Jacquemin Gringoneur. Les lettres de change sont dues aux Juifs. Bannis de France sous Philippe-le-Long, ils se réfugièrent en Lombardie, y donnèrent aux négociants des lettres sur ceux à qui ils avaient confié leur argent en partant, et ces lettres furent acquittées. Cet exemple fut adopté, et produisit un bien dont il est pour ainsi dire impossible de calculer l'importance.

Il est curieux de se rendre compte de la valeur des objets sous Charles VII. La voici telle qu'elle est consignée dans les mémoires et archives de France :

Prix d'un cheval,	15 liv.		
— d'un bœuf,	9		
— d'un mouton,	»	9 sous	
— d'un veau,	1	12	
— d'un porc,	2	»	
— d'une poule,	»	»	8 deniers.
— d'un singe,	4	»	»
— d'un perroquet,	1	»	»
— d'une chemise de lin,	»	10	»
— d'une paire de gants de chevrotin,	»	6	»
— peau de chien,	»	4	»
— blancs communs,	»	»	4
— d'une aune de drap,	2	»	»
— d'un setier de froment,	»	15	»

— de seigle,	»	7	»
— d'avoine,	»	5	»
— d'une charretée de foin	2	8	»
— de 100 pommes,	»	1	»
— de 100 œufs,	»	3	»
— d'une livre de beurre,	»	»	8
— de fromage,	»	»	2
— de sel,	»	»	2
— de poivre,	»	4	»
— d'une pinte de vin rouge	»	»	3
— de bière,	»	»	2
— Journée d'un moissonn.	»	2	6
— Gages annuels d'un valet de ferme,	7	»	»
— d'un berger,	3	10	»
— d'une chambrière,	1	10	»
— d'une nourrice,	2	10	»
etc.,	etc.,		etc.

Si la boussole et la poudre à canon ont signalé le quatorzième siècle à l'admiration publique, le quinzième siècle, non moins fécond, a découvert un monde nouveau. L'imprimerie, la boussole et le papier en avaient été les précurseurs. Christophe-Colomb, par la seule inspection d'une carte de notre hémisphère, jugea qu'il devait y avoir un autre monde. Gênes, sa patrie, le traita d'insensé ; l'Angleterre ne daigna pas l'écouter ; le Portugal le rebuta ; la France et l'Allemagne ne pouvant l'aider, il n'eut plus d'espoir que dans l'Espagne. Il la sollicita pendant huit années consécutives ; Ferdinand et Isabelle accueillirent enfin les propositions du grand homme. La cour d'Espagne était pauvre ; le prieur Perez et deux négociants dont l'histoire n'a pas conservé les noms avancèrent 17,000 ducats pour les frais de l'armement.

Le 28 août 1492, Colomb sortit du port de Palos en Andalousie avec trois petits navires et le titre d'amiral. Il découvrit le nouveau monde le 12 octobre 1492, et en prit solennellement possession au nom du roi et de la reine d'Espagne. Peu de jours après, il descend à Cuba et à Haïti, puis il rentre en Espagne, en repart avec dix-sept vaisseaux, aborde aux Antilles, à la Jamaïque, et complète dans les plus merveilleuses conditions le magnifique présent qu'il avait promis à sa patrie adoptive. L'imprimerie est fille de Guttemberg, que Faust et Schœffer aidèrent puissamment. Ce dernier trouva le secret de jeter en fonte les caractères qu'on avait jusqu'ici sculptés un à un. L'imprimerie ne s'établit à Paris qu'en 1469.

La taille du diamant fut essayée pour la première fois à Bruges par Louis de Berghem, en 1450. Les anciens tiraient leurs diamants d'Ethiopie ; on en tira plus tard des Indes, de l'Arabie, de Chypre et de Macédoine, puis de Golconde et du Bengale. C'est maintenant le Brésil qui alimente les marchés européens. Le diamant de la couronne de France, connu sous le nom de régent, pèse 136 karats et demi. C'est le plus parfait des gros diamants ; il est inventorié onze millions de francs. Le premier carrosse dont la France ait mémoire remonte à 1457. Il fut envoyé à la reine par le roi de Hongrie. Pendant longtemps elle fut seule à se servir d'un pareil véhicule. Les seigneurs féodaux ne voulaient pas en entendre parler, à ce point que Jules de Brunswick, en 1588, crut devoir faire une démonstration contre l'usage des carrosses, qu'il accusait d'amollir les mœurs de ses vassaux. Du temps de François Ier, on n'en comptait encore que trois, celui de la reine, celui de Diane de Poitiers et celui du gros René de Laval. Vers le milieu du dix-septième siècle, il n'y avait à Paris que trois à quatre cents voitures. Il y en a maintenant plus de trente mille.

Le premier Mont-de-Piété fut fondé dans le quinzième siècle. Le chocolat fut importé en 1520, et le café en 1644. L'indigo, le tabac, le coton, la vanille, le cacao, le quinquina, la cochenille vinrent du nouveau monde, et furent pour l'Europe une source de fructueux échanges. La pomme de terre fut semée en Angleterre en 1586; sir Walter Raleigh la lui envoyait d'Amérique. Les montres de poche furent créées au seizième siècle. Un siècle plus tard, les Anglais en firent à répétition. Les bombes, les mortiers, les épingles, le vernis, les jardins botaniques n'ont été bien connus qu'au seizième siècle. La signature au bas des actes publics ne devint obligatoire qu'en 1599; jusque là le sceau en tenait lieu, les contrats étaient signés par les notaires sans l'être par les parties. Le thermomètre fut inventé en 1600 par le Hollandais Corneille Dressel. Neuf ans après, l'Allemand Jacques Metius créa la lunette d'approche. Galilée perfectionna l'invention de Metius, et présenta un télescope au sénat de Venise. Kepler, Huyghens et Herschell complétèrent cette découverte. Les premières observations sur l'électricité appartiennent à l'Anglais Gilbert. Après lui Othon de Magdebourg trouva les attractions, les répulsions électriques et la possibilité de transmettre l'électricité par le moyen d'un fil. Toricelli, disciple de Galilée, découvrit la pesanteur de l'air. L'invention du baromètre et du siphon suivit de près la connaissance de la pesanteur de l'air. L'aréomètre ou pèse-liqueurs et la science de la circulation du sang sont nés à la même époque, avec l'Opéra, les perruques, les fusils, les gazettes, les fiacres, le thé, les bas, la lôterie et les sœurs de charité.

Au dix-huitième siècle, les travaux de Franklin sur l'électricité et sur la similitude de la foudre et du fluide électrique passèrent inaperçus à Londres; mais Buffon sut les apprécier, et fit devant Louis XV des expériences qui eurent un grand retentissement. L'humanité profita de cette découverte, dans laquelle le génie de l'illustre Américain puisa l'invention des paratonnerres, perfectionnée plus tard par Chappe et Bertholet. L'origine du restaurant prend la date de 1765. Un nommé Boulanger ouvrit, rue des Poulies, une maison sur la porte de laquelle il écrivit, en latin, une invitation de venir se *restaurer* chez lui. Vaucanson créa la mécanique. Né à Grenoble, en 1709, après un long séjour à Lyon, où il avait composé quelques pièces curieuses, il vint à Paris, et fit un automate jouant de la flûte; un autre jouant à la fois du tambourin et du galoubet; deux canards barbotant, allant chercher le grain, le saisissant dans l'auge et l'avalant, etc. Proz succéda à Vaucanson, et s'acquit après lui une grande renommée. Le galvanisme, inventé par le professeur Galvani, mérite d'occuper une place importante dans les travaux scientifiques du dix-huitième siècle. Volta en prouva la force indéfinie. Reither, Nicholson et Davy en reconnurent la puissance chimique. Les premières expériences eurent lieu en France en 1797.

L'enseignement mutuel reçut sa première application en 1780, dans l'institution des Orphelins militaires, dirigée par le chevalier Paulet. Bell et Lancastre lui donnèrent en Angleterre les plus larges développements. L'instruction primaire occupa plus tard la pensée du grand homme qui dota la France de toutes les gloires qui font un grand peuple. C'est à cette impulsion qu'il faut reporter les nobles efforts couronnés de succès des La Rochefoucauld, des Lasterye, des Jomard et des Laborde. Les aérostats furent inventés à Annonay par M. et Mme de Montgolfier, en 1782. L'année d'après, MM. Charles et Robert s'élevèrent dans un ballon rempli d'hydrogène; en 1785, Blanchard et Jeffreys traversèrent la Manche en deux heures, entre Douvres et Calais. La première expérience du parachute fut faite en 1797, par M. Garneray. Espérons que la science, toujours si féconde, parviendra à diriger à volonte ces navires aériens. Lavoisier eut la gloire d'apprendre à connaître la nature de l'eau. Bertholet trouva le moyen de la conserver longtemps dans toute sa pureté. Poissonnier rendit potable celle de la mer, dans la proportion de onze sur seize. La télégraphie, l'uniformité des poids et mesures, les monnaies décimales, l'institution du jury, l'exposition des produits de l'industrie, la vaccine furent autant de titres à la gloire du dix-hui tième siècle. La première exposition eut lieu en 1797 au Champ-de-Mars.

Si nous voulions énumérer les importants travaux du dix-neuvième siècle, nous serions forcé d'ajouter plusieurs feuilles à cette publication. Tous les arts industriels, la médecine, la chirurgie, la pharmacie, la chimie, la physique, la mécanique, reculent chaque jour les limites de la science, ajoutent au bien-être général, développent et fortifient les conquêtes de la civilisation. Les ponts en fer, les bateaux à vapeur, les machines de toute sorte, les puits artésiens, la lithographie, la photographie, les chemins de fer et la télégraphie électrique ouvrent sans cesse à l'industrie, au commerce et aux arts de nouveaux horizons, dont il n'appartient à personne de fixer la limite, et préparent à nos enfants des jours de bonheur, s'ils savent accorder aux institutions napoléoniennes la foi et le dévouement auxquelles elles ont droit.

Livre de compte de la sœur d'Henri IV.

Parmi une foule de documents du plus haut prix pour l'histoire, des recherches faites au château de Pau, qui fut, comme chacun sait, le berceau d'Henri IV, ont amené, la découverte du *Cahier journalier des dépenses de la princesse Catherine*, sœur de ce prince (1). Chaque feuille commence ainsi :

« Ce..... jour de..... pour ordinaire de Madame, de son train et d'une partie de celui de la reine, à Pau, souper et gîte. »

Voici la dépense de la journée du mercredi 7e jour de novembre 1571 :

« A Crispin Malmouché, boulanger de la royne, pour 36 douzaines de pains, 7 livres 16 sols. — A Jouachin, pourvoyeur, pour 120 livres de mouton, 7 livres 16 sols. — 30 livres de bœuf à bouillir, 30 sols. — 17 livres de veau, 21 sous 3 deniers. — 16 livres de pourceau frais, 24 sols. — 10 chapons, 4 poulets, 56 sols. — 4 poules, 1 perdrix, 1 bécasse, 22 sols. — 2 râles, 4 merles, 5 sols 8 deniers. — 2 douzaines d'alouettes, 4 gélinottes, 16 sols. — 1 oiseau de rivière, 1 fressure de veau, 7 sols. — 2 ventres de mou-

(1) Cette découverte date de 1843. Elle est due à M. Feron, conservateur des archives des Basses-Pyrénées.

ton, 6 sols. — 1 quarteron d'œufs, 12 livres de lard, 38 sols 7 deniers. — 5 livres de chandelle, 15 sols. — A l'Ecuuyer, pour 3 quarterons de sucre, 18 sols, et pour sel à saler le bœuf, 6 so s. — Au pâtissier, pour 2 pièces de four, 9 sols. »

On ne faisait maigre que le vendredi. Nous trouvons, à la date de l'un de ces jours, des articles ainsi mentionnés : « Pour deux brochets de 1 pied 4 doigts, un de 1 pied 2 doigts, 38 sols. — Une carpe de 1 pied 1[2, deux de 1 pied 4 doigts, 40 sols. — Un cent de gougons, etc.

Ces renseignements, d'une authenticité qui ne peut être révoquée en doute, indiquent quel bas prix les denées avaient alors à Pau, et la régularité des comptes des premières maisons du royaume.

Grande Taverne de la Bourse.

En 1851, les excursionnistes continentaux qui affluaient à Berneurs Street, oxford-Street, dans la maison de M. John Lecomte, lui disaient : « Mon cher « Monsieur, grâce à vous, de nombreux Erançais ont « pu visiter l'Exposition universelle de Londres, et « retrouver au cœur de la métropole britannique « toutes leurs habitudes françaises. » M. John Lecomte, en effet, avait résolu un véritable problème en contentant des voyageurs venus des quatre coins de la France, à ce point que la plupart sont restés ses clients et ses amis. L'un d'eux, le colonel *** lui fit ses adieux dans les termes suivants : « Monsieur « Lecomte, l'Exposition vous attire une foule com-

« pacte; mais l'an prochain le vide se fera autour de « vous et de tous vos confrères. Rappelez-vous alors « que Paris réclame une nouvelle Taverne, et venez « l'établir. » M. Lecomte s'est souvenu de la profonde observation du colonel excursioniste ; il a fondé la *Taverne anglaise de la Bourse*, à la grande satisfaction de la Gaule et d'Albion. La cordiale entente inventée par le feu roi Louis-Philippe a repris à la taverne de M John Lecomte ses meilleures allures. Le vrai rostbeef, le ham classique (jambon anglais), le turbot, le saumon de premier choix sont engloutis avec le même appétit dans les estomacs internationaux des deux peuples, si bien faits pour se comprendre...... la fourchette à la main.

Et chaque jour John Lecomte, écuyer (esquire), qui est devenu tout simplement M. John Lecomte, propose en famille la santé du colonel ***, santé dont le susdit colonel prend lui-même un soin particulier, en faisant régulièrement chaque jour deux visites à la *Taverne anglaise de la Bourse*.

POLYDORE MONTFLEURY.

LISTE DE MM. LES SÉNATEURS.

MM.

Le prince Jérôme NAPOLÉON BONAPARTE, maréchal de France, gouverneur des Invalides, Président du Sénat, au Palais du Sénat.

Mesnard (le président), *premier vice-président*, au Palais du Sénat.

Baraguay-d'Hilliers (le général), *vice-président*, rue de Grenelle-St-Germain, 123.

Troplong (le président), *vice-président*, rue Neuve-des-Mathurins, 10.

D'Hautpoul (le général comte), *grand référendaire*, au Palais du Sénat.

De Lacrosse (le baron), *secrétaire*, au Palais du Sénat.

De Bonald (le cardinal), rue Jacob, 22.

Du Pont (le cardinal), rue et hôtel Ventadour.

Mathieu (le cardinal), rue du Cloître-Notre-Dame.

Gousset (le cardinal), rue de Grenelle-St-Germain, hôtel du Bon-Lafontaine.

Donnet (le cardinal), rue de l'Université, hôtel des ministres.

Reille (le maréchal comte), rue St-Dominique, 127.

Harispe (le maréchal comte).

Vaillant (le maréchal), rue de Varennes, 36.

Roussin (l'amiral baron), rue Basse-du-Rempart, 52.

De Mackau (l'amiral baron), rue Duphot, 14.

Achard (le général baron), rue de l'Université, 100.

Archevêque de Paris (Monseigneur l'), rue de Grenelle-St-Germain.

D'Argout (le comte), à la Banque de France.

D'Audiffret (le marquis), rue St-Honoré, 387.
De Bar (le général), rue de Luxembourg, 46.
De Barbançois (le marquis), rue Rumfort, 8.
De Beaumont de la Somme (le comte), rue de Suresnes, 9.
De Bauvau (le prince), rue des Champs-Elysées, 12.
De Belbeuf (le marquis), rue de Lille, 63.
Bineau, au Ministère des Finances.
Boulay de la Meurthe (le comte), rue de Vaugirard, 58.
De Breteuil (le comte), rue de Londres, 28.
De Cambacérès, rue de l'Université, 21.
De Castellane (le général comte), rue d'Aguesseau, 13.
Casy (le vice-amiral), rue Castellane, 4.
De Caumont La Force (le comte), rue Richepanse, 9.
Clary (le comte François), rue d'Aumale, 24.
De Croix (le marquis), r. de Grenelle-St-Germain, 29.
De Crouseilhes (le baron). rue de Lille, 77.
Curial (le comte), rue de l'Université, 89.
Dumas, (rue de Vaugirard, 58.
Dupin (le baron), rue du Bac, 24.
Elie de Beaumont, rue de Varennes, 56.
Fould (Achille), rue Bergère, 22.
Fouquier d'Hérouel, rue Las-Cases, 1.
De Fourment (le baron), rue de l'Echiquier, 21.
Gautier, à la Banque de France.
De Girardin (le comte Ernest), rue Blanche, 35.
De Goulhot de St-Germain, rue de la Madeleine, 16.
De La Grange (le marquis), rue de Grenelle-St-Germain, 113,
De Heeckeren (le baron), rue Caumartin, 17.
Hugon (le vice-amiral baron), rue St-Honoré, 368.
Hurson (le général), rue de Clichy, 28.
De Ladoucette, rue St-Lazare, 58.
De la Hitte (le général vicomte), rue de la Ferme-des-Mathurins, 41.
De Lariboissière (le comte), rue de Rondy, 62.
De Lawœstine (le général marquis), rue Blanche, 36.
Lebeuf (Louis), place Vendôme, 20.

Le Marois (le comte), rue B'anche, 33.
Lemercier (le comte), rue de l'Université, 18.
Leroy de Saint-Arnaud (le général), au Ministère de la Guerre.
Le Verrier. rue St-Thomas-d'Enfer, 7.
De Lezay-Marnézia (le comte), rue de la Paix, 6.
Magnan (le général), aux Tuileries
Manuel (de la Nièvre), rue Richelieu, 59.
Marchant (du Nord), rue St-Georges, 2 *bis*.
Mimerel, rue Neuve-des-Mathurins, 86.
De Mortemart (le duc), rue d'Iéna, 23.
De la Moskowa (le prince), rue Montaigne, 13.
Murat (le prince Lucien), avenue de St-Cloud, 65, à Saint-Coud.
Ordener (le général comte), rue de la Révolte, 5, à Sablonville.
D'Ornano (le général comte), rue Neuve-des-Capucines, 16.
De Padoue (le général duc), rue Coq-Héron, 12.
De Parceval-Deschênes (le vice-amiral), rue Saint-Lazare.
Pelet (le général baron), rue St-Dominique, 96.
Petit (le général baron) à l'hôtel des Invalides.
Piat (le général), rue de la Madeleine, 8.
De Plaisance (le duc), boulevard Malherbes, 3.
Poinsot, rue Neuve-des-Mathurins, 17.
Portalis (le comte), rue d'Anjou-St-Honoré, 65.
De Portes (le marquis), rue de Grenelle-Saint-Germain, 118.
De Préval (le général comte), rue Castellane, 12.
Regnaud de Saint-Jean d'Angely (le général comte), rue Blanche, 38.
De Saint-Simon (le général duc), rue de Monsieur, 3.
Sapey, rue St-Dominique, 78.
Schramm (le général comte de), rue Louis-le-Grand, 33.
De Ségur d'Aguesseau (le comte), rue de Varennes, 46.

Siméon (le comte), rue de Provence, 54.
Thayer (Amédée), rue St-Dominique, 19.
Thibaudeau (le comte), rue du Havre, 5.
De Vicence (le duc rue Moncey, 14, pavillon Richelieu.
Vieillard, rue du Sentier, 34.
De Wagram (le prince), rue de Larochefoucauld, 5.
Lefebvre-Duruflé.
Casabianca.
Turgot.

LISTE DE MM. LES DÉPUTÉS

AU CORPS LÉGISLATIF.

MM.

Abattucci, Séverin, (Corse), au Ministère de la Justice.
Le duc d'Albuféra (Eure), place Vendôme, 17.
Allart (Somme), rue du Port-Mahon, 9.
Alengry (Aude), rue du Faubourg-St-Honoré, 82.
Ancel (Seine Inférieure), rue du Cirque, 13.
Le marquis d'Andelarre (Haute-Saône), rue de Lille, 115.
André (Charente), rue des Bons-Enfants, 20.
Le marquis d'Argent (Eure-et-Loir), rue de Rivoli, 22.
Le comte d'Arjuzon (Eure), rue Greffulhe, 8.
Arnaud (Isère), rue Dauphine, 7.
Audren de Kerdrel (Ille-et-Vilaine), rue des Beaux-Arts, 13.
Aymé (Vosges), rue de Lille, 59.
Belay de la Bertrandière (Loire), boulevard des Italiens, 30 *bis*.
Le comte de Barbantane (Saône-et-Loire), quai Voltaire, 7.
Bavoux (Evariste) (Seine-et-Marne), rue des Pyramides, 3.
Le prince de Beauveau (Marc) (Sarthe), rue des Champs-Elysées, 12.

De Beauverger (Seine-et-Marne), rue Chauchat, 18.
Becquet (Bas-Rhin), rue Saint-Lazare, 13.
De Belleyme (Adolphe) (Dordogne), rue Neuve-des-Mathurins, 56.
Belliard (Gers), rue Neuve-des-Mathurins, 70.
Belmontet (Tarn-et-Garonne), rue Pigale, 2.
Bertrand (Yonne), rue des Saints-Pères, 15.
Bidault (Cher), rue Rumfort, 9.
Bigrel (Côtes-du-Nord), rue de Bourgogne, 4.
Billault (Ariége), au palais de la Présidence.
Bodin (Ain), cité Bergère, 6.
Bois de Mouzilly (Finistère), rue de Seine, 54.
Le comte de Boissy-d'Anglas (Ardèche), rue Rumfort, 3.
Bouchetal-Laroche (Loire), rue des Frondeurs, 6.
Bouhier de l'Ecluse (Vendée), rue Taranne, 12.
Bourlon (Vienne), rue Pigale, 18.
Le comte Bourcier de Villers (Vosges), rue de Suresnes, 1.
Briot de Monremy (Meuse), rue de Lille, 115.
Brohier (Manche), rue Neuve-Saint-Roch, 13.
Le général Brunel-Denon (Saône-et-Loire), rue Roy.-Saint-Honoré, 7.
Le comte de Bryas (Eugène) (Indre), rue Saint-Dominique, 25.
Bucher de Chauvigné (Maine-et-Loire), rue Jacob, 22.
Le baron Busquet (Meurthe), rue d'Aumale, 15.
Le baron de Bussierre (Alfred) (Bas-Rhin), place Vendôme, 12.
Le comte de Caffarelli (Ille-et-Vilaine), rue de Varennes, 58.
Calvet-Rogniat (Aveyron), rue Castiglione, 8.
Le marquis de Calvière (Gard), place Belle-Chasse, 18.
De Cambacérès (Aisne), rue Saint-Dominique, 129.
Le baron de Carayon-Latour (Tarn), rue Royale-St.-Honoré, 11.
Le baron Caruel de Saint-Martin (Seine-et-Oise), rue de l'Université, 23.

Le marquis de Caulincourt (Calvados), rue Saint-Lazare, 67.
Le comte de Chabrillan (Saône-et-Loire), place Vendôme, 19.
Le comte de Champagny (Morbihan), rue des Champs-Elysées, 12.
Le comte de Chanterac (Bonches du-Rhône), rue de Rivoli, 24.
Charlier (Jura), rue des Trois-Frères, 15.
Le comte de Chasseloup-Laubat (Prosper) (Charente-Inférieure), rue de la Bienfaisance, 11.
Chauchar (Haute-Marne), rue de l'Ouest, 42.
De Chazelles (Léon) Puy-de-Dôme, rue Saint-Dominique, 82.
Chevreau (Ardèche), rue de Belle-Chasse, 66.
Choque (Nord), rue Joubert, 10.
De Civrac (Maine-et-Loire), rue Las-Cases, 6.
Le vicomte Clary (Loir et-cher), rue de Courcelle, 12.
De Clebsattel (Nord), place de la Madeleine, 8.
Collot (Edme) (Meuse), rue Champagny, 5.
Conneau (Somme), au Palais de l'Elysée.
Conseil (Finistère), rue de Beaune, 5.
Corta (Landes), quai de l'Ecole, 26.
Coulaux (Bas-Rhin), rue de la Paix, 20
Crosnier (Loir-et-Cher), rue Neuve Saint-Augustin, 75.
Curnier (Léonce) (Gard), rue de Grenelle-Saint-Germain, 127.
Dalloz (Edouard) (Jura) rue Belle-Chasse, 31.
Darblay jeune (Seine-et-Oise, rue des Vieilles-Etuves-Saint-Honoré, 16.
Dauzat-Dembarrère (Hautes-Pyrénées), rue Monsigny, 2.
David (Gironde); Petite rue du Bac, 10.
David (Ferdinand) (Deux-Sèvres), rue de l'Université, 31.
Debrotonne (Aisne), rue Saint-Honoré, 418.
Delamarre (Creuse), rue Notre-Dame-de-Grâce, 2.
Delamarre (Somme), rue des Jeuneurs, 27.

Delapalme (Seine-et-Oise), rue Neuve-St.-Augustin, 5.
Delavau (Indre), rue de Lepelletier, 13.
Deltheil (Lot), rue de Lille, 5.
Demesmay (Doubs), rue des Saussaies, 12.
Descat (Nord), passage des Petites-Ecuries, 15.
Desjobert (Seine-Inférieure), rue Saint-Guillaume, 18.
Desmaroux de Gaulmin (Allier), rue de Lille, 37.
Desmars (Loire-Inférieure), rue de Grenelle-Saint-Germain, hôtel du Bon-Lafontaine.
Devinck (Seine), rue Saint-Honoré, 283.
Didier (Ariége), rue de Hanovre, 21.
Drouot (Meurthe), rue Jacob, 39.
Duboys (Maine-et-Loire), rue de Verneuil, 9.
Duclos (Ille-et-Vilaine), rue de Marivaux, 9.
Dugas (Henri) (Rhône), rue Basse-du-Rempart, 44.
Le colonel du Marais (Loire), rue Louis-le-Grand, 2.
Dumiral (Puy-de-Dôme), rue de Beaune, 5.
Duplan (Haute-Garonne), rue de l'Université, hôtel Saint-Pierre.
Dupont (Paul) (Dordogne), rue de Grenelle-Saint-Honoré, 45.
Dupont (Charles) (Vienne), rue de Bourgogne, 15.
Durand (Justin) (Pyrénées-Orientales), rue Neuve-des-Mathurins, 13.
Le comte de Duranti (Cher), rue des Trois-Frères, 9.
Dusollier (Dordogne), rue Saint-Roch, 39.
Le général Duvivier (Mayenne), rue Casimir-Périer, 27.
Le baron Eschasseriaux (Charente-Inférieure), rue de Luxembourg, 22.
Etcheverry (Basses-Pyrénées), rue des Saussaies, 14.
Faugier (Isère), rue Richelieu, 45.
Faure (Hautes-Alpes), rue Saint-Honoré, 354.
Favart (Corrèze), rue Neuve-de-l'Université, 18.
Favre (Ferdinand) (Loire-Inférieure), rue des Bons-Enfants, 20.
Le comte de Flavigny, (Indre-et-Loire), rue des Saussaies, 9.
Fleury (Anselme) (Loire-Inférieure), cité d'Antin, 16.

Flocart de Mépeu (Isère), rue Richepanse, 11.
Fortoul (Basses-Alpes), au ministère de l'instruction publique.
Fouché Lepelletier (Seine), à Javel, par Grenelle.
Gareau (Seine-et-Marne), rue Basse-du-Rempart, 26.
Garnier (Loire-Inférieure), boulevart Montmartre, 14.
Le baron de Geiger (Moselle), boulevart des Capucines, 19.
Le général Gellibert des Séguins (Charente), rue de Lille, 59.
Geoffroy de Villeneuve (Aisne), rue Gaillon, 13.
Giron de Buzareingues (Aveyron), place Royale, 28.
Gisclard (Tarn), rue de Lille, 57.
Godart (Marne), rue Tronchet, 1.
Gorrec (Le) (Côtes-du-Nord), rue Saint-Lazare, 102.
Le général baron Gorsse (Tarn), rue de l'Université, 32, hôtel des Ministres.
Gouin (Indre-et-Loire), rue Tronchet, 5.
Le comte de Gouy (Seine-et-Oise), rue Neuve-des-Mathurins, 96.
Le marquis de Grammont (Haute-Saône), rue de Lille, 121.
Granier de Cassagnac (Gers), rue Saint-Florentin, 4.
De la Guéronnière (Cantal), rue de la Chaussée-d'Antin, 58 bis.
Guyard Delalain (Seine), rue Castiglione, 10.
Le baron Hallez Claparède (Bas-Rhin), rue Saint-Florentin, 7.
De la Haiechois (Morbihan), rue Basse-du-Rempart, 32.
Hébert (Aisne), au palais du Corps Législatif.
Le colonel Hennoque (Moselle), rue des Postes, 38.
D'Héramhault (Pas-de-Calais), rue d'Alger, 5.
D'Herlincourt (Pas-de-Calais), rue Las-Cases, 16.
Le comte d'Houdetot (Calvados), rue de Londres, 10.
Le Baron Huc (Hérault), rue de la Paix, 17.
Janvier Delamotte (Tarn-et-Garonne), rue Saint-Lazare, 24.

Jollivet de Castelot (Morbihan), rue Laffitte, 32.
Le comte de Jonage (Ain), rue du Dauphin, 7.
Le baron de Jouvenel [Léon] (Corrèze), rue Pigale, 11.
Jubinal [Achille] Hautes-Pyrénées), rue de Louvois, 10.
Le comte de Kergolay (Manche), rue de Varennes, 58.
Le vicomte de Kervéguen (Var), rue de Clichy), 28.
Kœnigswarter (Seine), rue Saint-Georges, 38.
Lacave (Loiret), rue de Luxembourg, 25.
De Ladoucette (Ardennes) rue Saint-Lazare, 58.
Laffitte [Charles] Lot-et-Garonne), rue Jacob, 21.
Lafon de Caix (Lot), rue d'Alger, 12.
De Lagrange [Frédéric], (Gers), boulevard de la Madeleine, 17.
Le baron de Lagrange (Nord), rue du faubourg Saint-Honoré, 107.
Langlais (Sarthe), rue de Seine, 43.
Lanquetin (Seine), quai de Béthune, 34.
Larabit (Yonne), rue des Saints-Pères, 7.
Le vicomte de Latour (C. du Nord). rue de Grenelle-St-Germain, 16.
Le marquis de Latour-Maubourg (Haute-Loire), rue de la Ville-l'Évêque, 14.
Le Comte (Yonne), rue de la Chaussée-d'Antin, 47.
Le Conte (Côtes-du-Nord), rue de l'Université, 36.
Lédier (Seine-Inférieure), rue de la Madeleine, 35.
Lefébure (Haut-Rhin), rue Tronchet, 24.
Lefebvre-Hermand (Pas-de-Calais), rue Casimir-Périer, 11.
Legrand (Nord), rue d'Antin, hôtel d'Antin.
Lélut (Haute-Saône), à la Salpêtrière.
Lemaire (Nord), rue Jean Bart, 3.
Lemaire (Oise), rue Saint-Géorges, 22.
Le vicomte Lemercier (Charente), rue de Lille, 54.
Le baron Lemercier [Anatole] (Charente-Inférieure), quai Voltaire, 23.
De Lénardière (Deux-Sèvres), rue de Ménars, 4.
Lepeletier-d'Aunay (Nièvre), rue de l'Université, 5.

Lequien (Pas-de-Calais), rue Vanneau, 30.

Leroux [Alfred] (Vendée), rue Taitbout, 31.

Leroy-Beaulieu (Calvados), rue Croix-des-Petits-Champs, hôtel du Levant.

Le baron Lesperut (Haute-Marne), rue du Cirque, 13.

Levavasseur (Seine-Inférieure), rue de la Chaussée-d'Antin, 68.

Louis Basile (Côte d'Or), rue Richepanse, 11.

De Lormet (Ain), rue Laffitte, 20.

Louvet (Maine-et-Loire), rue du Faubourg Saint-Honoré, 124.

Marrast [François] (Landes), rue du Dauphin, 5.

Massabiau (Haute-Garonne), rue de l'Université, 22.

De Maupas (Aube), rue Richepanse, 11.

Mercier (Mayenne), rue de la Ville-l'Evêq

Le comte de Mérode (Nord), rue de Grenelle-Saint-Germain, 91.

Le général Meslin (Manche), rue Bellechasse, 50.

De Mésonan (Finistère), rue Saint-Nicolas d'Antin, 29.

Mireon [Jules] (Haut-Rhin), place Vendôme, 14.

Millet (Vaucluse), rue Caumartin, 13.

Monier de la Sizeranne (Drôme), rue Neuve-des Capucines, 15.

Le comte de Montalembert (Doubs), rue du Bac, 40.

Montané (Gironde), rue Grange-Batelière, 13.

Le baron de Montreuil (Eure), rue Taranne, 10.

Morin (Drôme), rue de la Madeleine, 29.

Le comte de Morny (Puy-de-Dôme), avenue des Champs-Elysées, 15.

Le marquis de Mortemart (Rhône), rue Maiignon, 12.

Le vicomte de Mortemart (Seine-Inférieure), rue d'Iena, 23.

Le duc de Mouchy (Oise), rue d'Astorg, 10.

Le colonel Normand (Eure-et-Loir), rue Caumrrtin, 61.

Noualhier (Haute-Vienne), rue de Bourgogne, 43.

Noubel (Lot-et-Garonne), rue de l'Université, 83.

De Nourarède (Aveyron), rue de l'Université, 24.

O'Quin (Basses-Pyrénées), rue Monsigny, 3.
Ouvrard [Julien] (Côte d'Or), rue de la Paix, 1.
Le général Parchappe (Marne), rue Basse-du-Rempart, 66.
De Parieu (Cantal), rue de l'Université, 25.
Le vicomte de Partouneaux (Var), rue Tronchet, 19.
De Perpessac (Haute-Garonne), rue des Champs-Elysées, 13.
Perret (Leine), place Royale, 20.
Le général baron Pétiet (Nièvre), rue Crumartin, 54.
Le comte de Pierre (Puy-de-Dôme), place de la Madeleine, 21.
Le baron de Plancy (Oise), rue Saint Lazare, 7.
Planté (Basses-Pyrénées), rue Monsigny, 9.
Pongérard (Ille-et-Vilaine), rue de la Victoire, 46, deuxième cour.
Portalis [Jules] (Var), rue Lavoisier, 22.
Quesné (Seine-Inférieure), rue Saint-Dominique, 82.
Le vicomte de Rambourgt (Aude), rue de Lille, 19.
Randoing (Somme), rue Mogador, 5.
Le baron de Ravinel (Vosges), rue de Grenelle-Saint-Germain, 113.
Le baron de Reinach (Haut-Rhin), r. Richelieu, 23 bis.
Remacle (Bouches-du-Rhône), rue Louis-le-Grand, 9.
Réveil (Rhône), rue de Fleurus, 1.
Riché (Ardennes), rue des Trois-Frères, 7.
Le baron de Richemont [Paul] (Indre-et-Loire), rue Blanche, 49.
Le vicomte de Richemont (Lot-et-Garonne), rue de l'Université, 36.
Rigaud (Bouches-du-Rhône), rue Castiglione, 4.
De Rochemure (Ardèche), rue de l'Université, 14.
Le général Rogé (Sarthe), rue du Faubourg-Saint-Honoré, 116.
De Romeuf (Haute Loire), rue Mogador, 10.
Roques (Aude), rue de Grenelle Saint-Germain, 56.
Roulleaux-Dugage (Hérault), r. Nve-des-Capucines, 19.
Le marquis de Sainte-Croix (Orne), rue Richelieu, 17.

Le comte de Sainte-Hermine (Vendée), rue de Bourgogne, 53.
De Saint Germain (Manche), r. Cisalpine, 9.
Sallandrouze de Lamornaix (Creuse), boulevard Poissonnière, 23.
Sapey (Drôme), rue Saint-Dominique, 74.
Schneider (Saône-et-Loire), rue de Provence, 72.
Schyler (Gironde), quai Voltaire, 19.
Segretain (Mayenne), rue d'Alger, 4.
Seydoux (Nord), rue de Clichy, 66.
Soullié (Marne), rue Richelieu, 63.
Taillefer (Dordogne), rue Neuve-Saint-Roch, 39.
Le marquis de Talhouet (Sarthe), rue d'Anjou-Saint-Honoré, 23.
Le duc de Tarente (Loiret), rue de Ponthieu, 4.
De Tauriac (Haute-Garonne), rue des Champs-Elysées, 13.
Le colonel Thiérion (Gironde), rue Lord Byron, 1.
Thieullen (Côtes du-Nord), boulevart de la Madeleine, 17.
Le baron Tillette de Clermont (Somme), rue du Port-Mahon, 9.
Tixier (Haute-Vienne), r. de Grenelle-St-Germain, 34.
Le marquis de Torcy (Orne), rue Tronchet, 2.
Le baron de Travot (Gironde), à la Banque de France,
Le comte de Tromelin (Finistère), rue de Luxembourg, 37.
Le duc d'Uzès (Gard), rue de la Chaise, 7.
Le général baron Vast-Vimeux (Charente-Inférieure), au Palais du Corps Législatif.
Vautier [Abel] (Calvados), rue d'Enfer, 29.
Le baron de Vauce (Allier), place du Palais-Bourbon, 3.
Le marquis de Verclos (Vaucluse), petite rue Verte, 3.
Vernier (Côte-d'Or), rue Mont-Thabor, 3.
Véron (Seine), rue de Rivoli, 46.
Viard (Meurthe), rue des Champs-Elysées, 13.
De Voize (Isère), rue du Cirque, 9.
Wattebled (Pas-de-Calais), rue d'Alger, 3.

De Wendel (Moselle), rue de Clichy, 19.
Jeanmaire et Brancas Duponceau, messagers d'Etat.
Pougny, chef des huissiers.

LISTE DE MM. LES MEMBRES DU CONSEIL D'ÉTAT.

CONSEILLERS.

MM.

BAROCHE, *Président*, rue de Varennes, 53.
Rouher, *Président*, Lég. (1), rue du Mont-Thabor, 6.
Maillard, *Président*, Cont., rue Notre-Dame-des Victoires, 14.
Magne, *Président*, Trav., rue des Saints-Pères, 48.
Le vice amiral Leblanc, *Président*, G., rue d'Alger, 3.
De Parieu, *Président*, Fin., rue de l'Université, 27.
Bonjean, *Président*, Int., rue Belle-Chasse, 15.
Herman, Int., rue Neuve-des-Mathurins, 42.
Barbaroux, G., place de la Madeleine, 16.
Carlier, Int., r. d'Antin, 19.
Charlemagne, Fin., r. Saint-Honoré, 353.
Villemain, G., r. du Bac, 77.
Stourm, Fin., r. Neuve-des-Petits-Champs, 89.
Suin, Lég., r. de Sèze, 10.
De Thorigny, Int., r. de l'Ouest, 38.
Le général Allard, G., r. du Havre, 10.
Lacaze, Lég., r. de la Ferme-des-Mathurins, 54.
Vaïsse, Trav., r. Neuve-des-Mathurins, 20.
J. Boulay (de la Meurthe), Int., r. de l'Université, 24.
Boinvilliers, Fin., rue de Choiseul, 3.
Armand Lefèvre, Lég., rue de la Ferme-des-Mathurins, 56.
Boudet, Cont., rue de la Chaussée-d'Antin, 49.
Leroy de Saint-Arnaud, Fin., quai des Tournelles, 27.
Giraud (Ch.), Int., r. de la Ferme-des-Mathurins, 50.
Cuvier, Int., rue Godot, 8.

(1) Lég. signifie *Législation*.—Cont. *Contentieux*.—Trav. *Travaux publics*.—Fin. *Finances*.—Int. *Intérieur*.—G. *Guerre*.

Marchand, Cont., r. Lafayette, 16.
Flandin, G., r de la Michodière, 8.
Godelle, Fin., r. du Luxembourg, 20.
Boulatignier, Cont., rue Saint-Lazare, 36.
Frémy, Trav., r. Fléchier. 2.
Ferdinand Barrot, Trav., r. Castellane, 4.
Michel Chevalier, Trav., r. de l'Université, 73.
Dariste, G., r. Matignon, 18 *bis*.
Cornudet, Cont., r. de Vaugirard, 63.
Quentin Bauchard, Cont., r. de Bellechasse, 12.
Vuillefroy, Trav., r. de Bruxelles, 24.
Conti, Lég., r. Miroménil, 11.
Vuitry, Fin., r. de la Pépinière, 19.
Denjoy Trav., r. de Lille, 70.
Tourangin, Lég., r. Rumfort, 13.

AUDIENCES AUX MINISTÈRES.

Ministère de l'Intérieur. — Les chefs de division reçoivent les mard., jeud. et sam., de 2 à 4 h. La division de comptabilité les lund. et jeud., de midi à 3 h.

Minist. du Comm. et de l'Agricult. – Les directeurs reçoivent les merc. et sam., de midi à 4 h.

Minist. des Trav. publ.—Les mard. et vend., de 2 à 4 h.

Minist. de la Guerre.—Les merc. et vend., de 2 à 5 h.

Minist. des Affair. étrang. — Chancellerie et passeports tous les jours non fériés, de 11 h. à 4 h.

Minist. de la Marine et des Colon.—Jeud., de 2 à 4 h.

Minist. des Finances. — Caiss. et bur. de service tous les jours, de 10 à 4 h.

Minist. de la Just. – Vend. de 2 à 4 h. Légalis. tous les jours, de midi à 2 h.

Minist. de l'Instruction publ. et des cult. — Les jeud., de 2 à 4 h.

Légion d'Honneur.—Lund., merc. et vend., de 2 à 4 h.

Nota. — Les audiences particulières des Ministres s'obtiennent par demandes écrites, en indiquant l'objet.

TABLEAU DES FOIRES.

AISNE.

Anisy-le-Château.—19 mars, 19 juin, 19 sept. 21 déc.
Aubenton.—12 mars, 23 juill., 5 nov.
Beaurevoir.—18 oct.
Beaurieux.—18 mars, 25 oct.
Bouconville.—1er oct.
Bruyères.—3 fév., 2 mai, 21 oct.
Brunhamel.—4 fév., 27 mars, 11 mai, 25 août, 4 oct., 7 déc.
Braisne.—3 mai, 14 sept., 14 déc.
Crépy.—12 juillet. 12 nov.
Chauny.—29 août (. j.).
Couchy le-Ch.—25 mars, 13 mai, 28 oct., 6 déc.
Craonne.—17 fév., 3 nov.
Corbeny.—1er mai, 1er juil., 14 sept., 18 déc.
Crécy-s-S.—28 févr., 28 oct.
Chaource.—9 oct.
Chavignon.—3 mars, 6 oct.
Cœuvres.—3 mai, 4 oct.
Chateau-Thierry.—28 janv., (3 juin, 6 mai (3 j.), 29 juil. (3 j.), 4 nov. (3 j.).
Chevrigny.—21 mars.
Charly.—10 fév., 13 juin, 10 nov., 28 déc.
Chesy-s-Marne.—14 mars, 2 juin, 11 nov.
Conde.—21 fév., 16 mai, 1er sep., 25 nov.
Celncy.—4 juil., 6 déc.

Dizy-le-Gros.—24 mars, 27 sept.
Etreux.—12 fév., 12 mai, 12 août, 12 nov.
Fresnoy-le Grand.—28 janv., 23 av., 28 juil., 2 oct.
Festieux.—10 mars, 5 sept.
Fere-en-Tardenois.—12 janv., 2 mars, 25 juin, 29 sept.
Folembray.—15 oct.
Guise.—7 janv., 7 av., 7 juin, 7 oct. ... nov.
Gandelu.—24 fév., 16 mai, 10 août, 29 sept.
Hirson.—29 mars, 25 nov. (2.).
Hartennes.—11 juin, 18 oct.
Jaulgonne.—20 mai, 20 oct.
Jazincourt.—21 mai, 10 oct.
La-Ferte-Milon.—21 fév., 22 juil., 9 oct., 30 nov.
Lappion.—20 avril.
Longpoint.—25 avr., 25 août.
Liesse.—14 mars, 29 juin, 21 sept., 22 déc.
La Malmaison.—15 mars, 15 nov.
La Fère.—25 sept. (5 j.).
LAON.—3 janv., (5 j.)., 30 mai (5 j.)., 10 août, 21 sept.
Le Nouvion.—29 mars, 4 sept.
Marigny-en Or.—22 fév., 1er mai, 23 juil., 1er oct., 27 décembre.
Maurigny.—25 fév., 9 mai, 26 août, 1er déc.
Montaigu.—23 juin, 29 sept.
Montcornet.—9 fév., 6 mai, 12 nov.
Moulin.—6 déc.
Mey.—25 mars, 25 juin, 25 nov.
Neuilly St-Front.—25 fév., 21 juin, 28 oct.
Nogent-l'A.—1er mars, 22 juin, 27 nov.
Neufchâtel.—9 mai, 6 déc.
Oulchy-le-Ch.—19 juin, 14 nov.
Pancy.—24 juin.
Plomien.—15 fév., 15 mai, 11 juin, 2 oct., 15 nov.
Pierrepont.—25 avr., 28 sept.
Pontavert.—25 mai.
Ribemont.—3 nov.
Roucy.—11 nov.
Rosoy-S-S.—22 janv., 23 avr., 25 juin, 10 août, 17 sept., 4 déc.
Sains.—2 juill., 22 déc.
ST-QUENTIN.—29 juin (8 j.)., 9 oct. (9 j.).
St-Simon.—29 oct.
St-Michel.—2 janv., 19 mars, 29 juin, 29 sept.
Saint-Gobain.—16 mai, 1er déc.

Sissonne. — 17 mars, 22 juill., 29 sept., 25 nov.
Soissons. — 9 mai (6 j.), 14 nov. (6 j.).
Tavaux-Pont-Séricourt. — 15 avr., 15 sept.
Treloup. — 25 avr., 12 sept.
Vermand. — 22 janv., 22 mai, 22 sept.
Vervins. — 1er, 12 mars (2 j.), 1er, 14 mai, 24 juin, 2 juill. 1er, 10 sept., 1er, 10 déc.
Villequier-A. — 21 mars, 8 juill.
Villers-s-M. — 18 oct.
Vailly. — 22 fév., 22 juill., 9 nov.
Vic-s-Aisne. — 21 mars, 1er oct.
Villers-Cotterets. — 24 mars, 5 mai, 24 sept., 7 déc.
Viels Maison. — 11 juin, 29 sept.
Villers-A. — 5 fév., 25 août.
Vigneux. — 28 mars.

Foires qui ont lieu chaque mois à jours fixes.

Anisy-le-Ch., 1er lun. Blérancourt. 1er merc. Bohain. le 15. Braisne. 3e mardi Château-Thierry, 1er vend. Chauny, dernier mardi. Crécy-s.-S. dern. lund. Effry, le 21. Etréaupont, le 15. Fère-en-Tardenois, 2e mardi. Guise. le 7. Hirson. le 15. La Chapelle, 1er mardi. Lafère. 2e merc. Le Catelet, 1er lun. Le Nouvion-en-Th. dern. mardi. Marle, 2e mardi. Origny-Saint-Benoite, le 1er. Proisy 3e lun. Ribemont. 3e jeu. Sains, 2e lundi. Saint-Quentin le 9. Soissons, dern. sam. Vadencourt, le 20. Vailly. 1er sam. Vic-s.-Aisne le 28. Viels-Maisons, dern. jeudi. Villequier, A.. 1er lun.

ARDENNES.

Aubigny. — 14 janv. 5 mars, 11 juin, 15 sept.
Auvillers-les-Forges. — 5 janv. 7 mars, 2 mai, 4 juillet, 5 sept. 7 nov.
Aubencourt. — 9 mars. 20 juillet.
Asfeld — 21 mars, 25 juin 17 oct. 28 déc.
Attigny. — 5 fév. 7 avril 25 juin. 15 sept. 1er déc.
Autry. — 15 av. 8 sep. 5 déc.
Beaumont. — 4 avril, 8 sep.
Barricourt. — 5 fév. 11 av. 24 août, 3 nov.
Brieulles. — 2 mars, 1er mai, 3 juil. 2 nov.

Buzancy — 15 mars, 30 juin, 14 sept. 1er déc.
CHARLEVILLE. — 4 avril, 25 juil. 3 oct. 25 nov.
Chesmois. — 9 mars, 20 juil.
Carignan. — 7 mars, 11 mai, 16 août, 10 oct. 7 déc.
Château-Porcien. — 15 mars, 8 juin, 24 août, 28 oct.
Chaumont. — 22 mars, 21 juin, 4 oct. 20 déc.
Donchery. — 4 juin, 30 nov.
Fumay. — 2 mai, 2 juin, 1er sept.
Givet. — 15 mai, 25 août, 11 nov.
Gespunzart, — 16 janv., 16 févr., 6 mai, 22 déc.
Grandpré. — 14 fév., 28 avril, 25 juil., 20 oct.
Juniville. — 14 mars, 16-31 mai. 15 août, 31 oct.
Launoy. — 12 mars, 22 juil., 20 août, 6 déc.
La-Neuville-en-Tourne-à-Puy. — 25 avril, 9 sept.
Le Chesne. — 6 janv., 5 mai, 24 juil., 7 oct.
Maubert-Font. — 5 fév., 2 av., 4 juin, 6 août, 1 oct., 3 déc.
MÉZIÈRES. — 3 mars, 28 oct.
Machault. — 22 fév., 30 juin, 1er août, 6 déc.
Monthois. — 7 fév., 23 mai, 5 sept., 7 nov.
Mouzon. — 20 mars, 29 sept.
Poix. — 20 janv., 3 mars, 18 juin, 30 oct.
Régniowez. — 5 janv., 6 avr., 6 juil., 5 oct.
ROCROY. — 4 janv., 5 avr., 5 juil., 4 oct.
Rumigny. — 28 fév., 20 mai, 27 août, 30 nov.
Renwez. — 17 fév., 6 mai, 7 juil., 6 oct.
Roquigny. — 2 mai, 20 juil.
RETHEL. — 14 fév., 9 mai, 20 juin, 25 juil. (2 j), 3 oc., 28 nov.
Signy-le-Petit. — 3 fév., 6 mai, 16 juin, 15 sep., 17 nov.
Signy-le-Grand. — 1er fév. 22 mars, 27 sept.
Signy. — 15 janv., 15 fév., 15 mars.
St-Valfroid. — 25 juin, 6 sept.
St-Jean-aux-Bois. — 17 mars, 25 juin, 27 août, 19 oct., 3 déc.
St-Germainmont. — 30 mai, 7 nov.
SEDAN. — 14 fév., 2 mai, 1er août, 7 nov.
Sévigny. — 14 janv., 29 mars, 13 juin, 2 sep.
Sénac. — 30 avr.
Tourteron. — 8 fév., 10 mai, 26 juil., 11 nov.
Vasigny. — 6 mai. 1er déc.
Vierves. — 30 septembre.
Vendresse. — 19 mars, 14 juin. 19 oct., 23 déc.
VOUZIERS. — 5 fév., 19 mars, 14 mai, 20 août, 17 sep., 5 nov.

Impr. de Poussielgue, Masson et Cie, rue Croix-des-Petits-Champs, 29.

AUBE

ARCIS-SUR-AUBE.— 25 fév., 9 mai, 24 août, 7 oct., 1er déc.
Avant.— 19 fév., 30 août.
Aix en-Othe.— 22 janv., 18 juin, 3 sept. 4 nov.
Auxon.— 15 janv., 6 avr., 22 juin, 20 sept.,
BAR-S-AUBE.— 19 mars, 29 août.
Brienne.— 25 janv., 23 mai, 9 sep., 29 oct.
BAR-S-SEINE.— 25 fév., 23 mai, 5 sept., 13 déc.
Beralles.— 21 mars, 19 oct.
Bouilly.—25 juin, 3 nov.
Chavanges.— 17 mars, 18 juin, 4 oct., 5 nov., 24 déc.
Celles.— 17 sept.
Champignolle.— 1er mars, 15 sept.
Chappes.— 18 mai, 5 nov.
Chaource.— 7 fév., 3 mai. 28 juin, 25 août, 18 oct., 20 déc.
Charmont.— 20 fév., 11 sep.
Cheslay.— 17 mars, 14 mai, 18 juil, 10 sep., 19 nov.
Cunfec.— 20 juin.
Chamoy.— 1er juin. 27 sept.
Clercy.—12 juil. 6 août, 25 nov.
Dampierre.— 28 juin, 28 oct. 27 déc.
Dienville.— 23 janv. 14 févr. 13 mai, 9 sept. 29 oct.
Essoyes.— 21 janv. 21 mars, 21 mai, 21 sept. 21 nov.
Ervy.— 22 janv. 7 mars, 2 mai, 30 juin, 14 sept. 1er déc.
Estissac.— 3 fév. 26 avr. 16 mai, 1er sept. 25 nov.
Fontaines-St-Georges.— 20 fév. 15 sept.
Gyé-s-Seine.— 9 mai, 6 déc.
Grandes-Chapelles.— 1er juin, 15 oct.
Lhuître.— 24 fév. 9 oct.
Lesmont.— 24 févr. 25 avr. 29 août, 18 oct. 14 nov.
Landreville.— 2 avril, 7 sept.
Loches.— 24 août, 21 déc.
Lusigny.— 24 mai, 2 nov.
Maraye-en-Othe.— 10 mars
Méry.— 15 mars, 20 juin, 25 sept.
Merrey.— 14 fév.
Mussy.— 25 fév. 25 avr. 1er sep. 11 nov.
Marolles-s-Lignières.— 21 février.
Marcilly.— 17 fév. 6 sept.
Marigny.— 1er mars, 31 oct. 11 nov.
Neuville-s-Seine.— 13 sept.

Nogent sur-Seine.— 25 mars, 11 juin, 11 août, 28 octobre, (3 j. chacune)
Pougy.— 4 mars, 11 juin. 21 sept. 22 déc.
Pont-s-S.— 28 mars, 15 nov.
Piney.— 20 janv. 10 fév. 2 mai, 22 juil. 1er oct. 2 nov.
Plancy. — 27 fév., 22 juill., 27 août.
Riceys. 13 janv., 17 av., 11 juin, 15 juil., 31 août, 28 oct.
Ramerupt. — 3 mai, 14 sept, 16 nov., 31 déc.
Remilly. — 7 mars, 21 sept.
Rigny-le-Ferron. — 16 fév., 1er juill., 13 sept., 13 nov.
Soulaines. 19 janv., 4 mai, 17 sept., 24 nov.
St-Lupien. — 13 oct.
Saint-Pierre-de-Rosenay. — 24 juin.
St-Mards. — 24 fév., 25 mai, 21 sept., 6 déc.
St-Mesmin. — 15 avril, 11 nov.
St-Jean-de-Bonneval. — 20 mars. 20 sept.
St-Phal. — 31 janv., 17 mai, 23 juill., 10 oct. 22 déc.
Sommeral. — 12 nov.
Trainel. 24 juin, 1er oct., 28 déc.
Troyes. — 21 fév. (12 j.), 24 mars. 24 juin, 1er sept. (12 j.)
Vendœuvre. — 17 janv., 23 av., 25 juin, 21 oct.
Vaulay. — 14 juin.
Vitry-le-Croisé. — 15 avril, 8 nov.
Villenauxe. — 6 fév., 24 mars, 26 juill. 29 sept.

CALVADOS.

Argences. — 17 mars, 18 oct. (2 j.).
Aunay. — 9 av., 2-30 juil.
Bayeux. — 25 juin. 14 sept., 3 nov. (2 j.), 6 déc.
Bretteville. — 7 avril.
Banneville. — 18 juil.
Blangy. — 14 sept.
Bonnebosc. — 25 juil., 26 déc.
Beaumont. — 14 mars, 4 août.
Caen. — 14 fév. 3-25 mars, 10 av. (15 j.), débal. le jeudi préc. 23 mai, 29 sept., 28 oct., 28 déc.
Cormolain. — 30 nov.
Cheux. — 15 nov.
Cerny-Bois-Halbout. — 25 mars, 26 juil.
Crevecœur. — 4 mai, 2 nov.
Caumont. — 7 av. 18 juil., 17 nov., 29 déc.

Clécy. — 9 sept.
Cambremer. — 18 juil.
Condé-sur-Noireau. — 27 janv., 24 fév., 17 mars, 4-26 mai, 1er sept. (3 j.), 12 nov.
Douvres. — 3 fév. (2 j.).
Dozulé. — 29 mars, 25 juin.
Dives. — 9 sept. (3 j.).
Estouvy. — 28 oct.
Formigny. — 4 juil.
FALAISE. — 21 mai, 20 juin, 10 août (20 j.), foire de Guibray, 15 sept. (8 j.), 1er oct., 22 nov.
Fervaques. — 28 mars, 3 oct.
Glanville. — 1er mai.
Thury-Harcourt. — 22 fév. 22 mars, 10 mai, 24 juil., 22 sept. (2 j.), 8 nov.
Honfleur. — 26 nov. (8 j.).
Isigny. — 20 juil., 11 nov.
LISIEUX. — 9 fév., 24 mars, 11 juin (8 j.), 30 juin, 1er août, 16 oct.
Livarot. — 12 mai, 1er déc.
Larivière-St Sauveur. — 17 juil. (15 j.).
Leplessis-Grimoult. — 21 mai, 17 juil. 14 sept. 28 nov.
Landelles et Coupigny. — 14 mai.
Mézidon. — 19 nov.
Montamy. — 4 av.
Meulles. — 25 oct.
Notre-Dame-de-Fresnay. — 12 mars, 25 sept.
Odilly-le-B. — 7-28 mars, 2 mai, 11 juil. 29 août, 7 nov.
Orbec. — 22 juil. 28 sept., 7 nov.
PONT-L'ÉVÊQUE. — 2 mai, 6 juin, 25 sept. 12 nov.
Roncheville. — 4 mai.
Sept-Vents. — 22 juil., 11 août.
St-Laurent. — 2 août.
St-Sylvain. — 6 oct., 2 nov.
St-Omer. — 18 juil.
St-Hippolyte-de-C. — 6 déc.
St-Julien-le-Faucon. — 23 av., 16 sept.
St-Julien-de-M. — 6 sept.
St.-Pierre-sur-Dives. — 7 Fév. 26 mars, 1er mai, 22 juin., 9 sept, (4 j.), 29 nov.
St-Julien-sur-Cal. — 25 juil. (3 j.)
St.-Germain-du-Crioult. — 15 janv., 26 av.
St-Denis-Maisoncelles. — 10 oct.
St.-Martin-des-B. — 15 mars.

St.-Sèves — 3 fév., 1er-22 mars., 23 v., 25 mai., 19 juin. 14 juil., 24 août., 25 sept., 25 oct., 18 nov., 31 déc.
Trévières. — 6 juin. (2 j.) 17 nov. (2
Tilly-sur Seules. – 22 juil.
Troarn — 29 mars., 12 nov.
Touques. — 20 av.. 22 juil.
Villiers-le-B.—8 janv.. 26 mars, 30 juin (2 j.)., 27 août.
Vassy—1er fév., 28 mar., 10-31 mai., 26 juil,. 6 sept,. 25 oct. 20 déc.
VIRE. — 18 mars (2 j.). 6 mai. (8 j.) 29 sept (8 j.) 15 nov. (2 j.) 27 nov., 7 déc.

Foires qui ont lieu chaque mois à jours fixes.

Belleroy. 1er mardi (mai et oct. 5 j. ch.) Creuilly. 1er merc. Falaise, marché aux best. tous les sam. depuis Pâques jusqu'à la St-Michel.

GRANDS MARCHÉS.

Lundi. Caen, Condé-s.-N., Pont-l'Evêque. Vire, Beuvron, Fervaques, Ouilly le-B., St Pierre.-D. Tilly-s.Seules.—*Mardi*. Lisieux, Balleroy, Cheux, Dozulé, Dives, Harcourt. St-Julien-le Fau, Tassy, Courseulles. St-Martin-des-B. — *Mercredi*. Caen, Falaise, Honfleur, Isigny, Orbec. Vire. Bonneboscq. Blangy, Crevecœur, Creuilly, Villers Bocage, Trouville. — *Jeudi*. Lisieux, Condé-s.N., Argences, Beaumont, Beny-Bocage, Brette-ville-l'Or.. Baumont. Evrecy, Littry. Livanot. — *Vendredi*. Caen. Pont-l'Ev., Vire, Ce-ney-Bois-H.. Trévières.— *Samedi*.—Bayeux. Falaise, Lisieux, Dives, Honfleur, Aunay. Le Billot, La Délivrande, Saint-Martin-de-F., Mezidon, St-Sever, Touques, Troarn.

CHER.

Argent. — 1er déc.
Aubigny. — 15 jan., 27 fév., 20 mars, 28 mai, 8 juil., 29 sept. 10 nov.
Beaugy. — 10 jan., 22 fév., 25 av., 11-29 juin, 21 sept., 9 oct. 23 nov.

BOURGES. — 9 fév., 3-20 mai, 20 juin, 10-24 août, 25 oct., 2 11 nov., 24 déc., (20 j.).
Bouilleret. — 30 av., 4 juin, 15 sept., 15 oct.
Charost. — 2 nov.
Charenton. — 9 mai, 19 août, 29 sept., 5 déc.
Châteaumeillant. — 2 janv., 15 fév., 3-23 mai, 4 juil., 16 août, 30 sept., 16 oct., 11 nov.
Châteauneuf. — 3 fév., 15 mars, 2 mai, 4 juil., 22 août, 14 nov.
Châtelet (le). — 4 fév., 26 av., 7 nov., 1er déc.
CULAN. — 17 janv., 22 mars, 26 mai, 7-21 juin, 15 juil., 11 août. 12-23 nov., 29 déc.
Chapelle d'Angilon. — 28 av., 14 sept.
Concressault. — 23 mai, 29 oct.
Dun-le-Roi. — 23 janv., 26 fév., 30 avr., 3-29 oct., 21 déc.
Graçay. — 3-14 fév., 19 juin, 5 sept, 29 oct., 17 déc.
Guerche (la). — 21 mars, 10 août, 28 oct., 22 dec.
Henrichemont. — 22 janv., 9 fév., 2 nov.
Jalognes. — 14 mars, 1er juin, 24 août, 18 oct.
Jars. — 7 janv. 21 mai, 22 juil., 29 oct.
Leré. — 12 nov.
Lignières. — 2 fév. 21 mars, 5-12 mai, 23 juin, 6 août, 22 sept., 10 nov., 11 déc.
Les-Aix-d'Angilon. — 1er mai, 29 août.
Mareuil. — 28 oct.
Meuvy-s.-Baranjon. — 31 janv.. 4 juil., 19 sept.
Rians. — 26 juil.
Raymond. — 4-23 av., 22 juil., 1er sept.. 7 nov.
Sancergues, — 10 mars, 5 mai, 25 août, 2 nov., 21 déc.
SANCERRE. — 5 fév., 17 mars, (3 j.), 25 avr., 11 juin, 1er sept., 5 nov.
Sens-Beaujeu. — 12 janv., 23 mai, 11 sept., 2 oct.
Sancoins. — 26 janv., 12 mai, 5 juil., 15 oct., 30 nov.
St-Bouise. — 26 mai, 22 juin, 12 sept.
ST-AMAND. 31 janv, 14 fév., 11 avr,, 20 juin, 3 août, 24 oct., (8 j.). 28 nov., 31 déc.
VIERZON. — 8 mars, 18 mai, 30 juin, 25 août, 13 nov.

EURE.

ANDELYS. — 3 mars, 4 juin, 14 sept., 7 nov.
Amfreville. — 29 mars, 26 mai.

Avrilly. 21 sept.
Appeville. — 28 avr., 29 sept.
Bourg Achard. — 11 juin, 21 sept., 9 nov.
Bourneville. — 21 fév., 11 juin. 10 sept.
Bourgthéroulde. 1er janv., 25 av., 2 août, 25 nov.
Boissel-le-Châtel. — 17 sept.
Beuzeville. — 1 mars, 15 juil. 1 nov.
Breteuil. — 9 fév., 25 avr., 6 juil., 25 oct.
Broglie. — 21 sept., 18 oct., 30 déc.
Brienne. — 10 fév., 26 mai, 9 oct.
Bec-Ellouin. — 25 mars, 10 mai, 26 août, 30 nov.
BERNAY. — 7 mars (8 j.), 18 mai, 8 juil., 9 sept.
Beaumont. — 29 mars, 11 juil., 29 sept.
Beaumesnil. — 4 av., 29 oct.
Boisemont. — 24 juin.
Charleval. — 14 nov.
Carsix. — 26 août.
Condé-sur-Ithon. — 29 sept.
Conches — 4 mars, 6 mai, 29 juin, 16 sept., 26 déc.
Croix-St-Leuf. — 13 mai, 15 oct.
Chênbrun. — 3 fév., 26 mai, 3 nov.
Cormeilles. — 11 févr., 4 mai, 25 sept., 21 déc.
Caillouet. — 25 sept.
Damville. — 29 mars, 7 juin, 25 nov.
Ecouis. — 1er av., 13 sept.
Etrepagny. — 21 juin, 26 sept.
Ecos. — 1er déc.
EVREUX. — 31 janv., 20 av., 17 mai, 30 juil., 11 août (8 j.), 18 sept. 6 déc.
Folleville. — 25 nov.
Ferrières. — 20 janv., 25 av., 25 juil., 2 nov.
Frenelles. — 24 juillet.
Gisors. — 21 mars, 29 août, 18 oct.
Giverville. — 18 oct., 6 nov.
Grossœuvres. — 25 févr. 26 avr. 25 sept. 21 déc.
Gaillon. — 25 mars.
Harcourt. — 4 avril, 5 sept. 18 oct.
Ivry-la-Bataille. — 2 avr. 24 juin. 10 août. 29 sept.
Lyons — 25 mars. 26 mai. 13 oct.
Labarre. — 9 fév. 11 juin. 11 juill. 9 oct. 6 déc.
Les Ventes. — 1er oct.
La Madeleine. — 22 juillet.
La Neuve-Lyre. — 7 mars. 5 sept. 30 nov.
LOUVIERS. — 24 fév. 25 avr. 4 juill. 26 sept. 11 nov.

Lieury.—2 juill. 11 nov.
Mainneville.—23 juin. 5 nov.
Montreuil.—14 mai. 28 nov.
Moulfort.—8 fév. 1er mars. 29 juin. 28 oct.
Nonancourt.—25 mai. 24 août. 18 oct. 11 nov.
Neubourg. — 10 mars. 1er mai. 24 juin. 22 juillet. 14 sept. 5 nov.
Pont-St-Pierre.—29 juin. 24 sept. 26 déc.
Pacy.—1er mars. 7 juill. 2 nov.
Pont-de-l'Arche.—20 janv. 4 mars. 9 mai. 11 juill. 18 sept. 23 nov.
Pontauthou.—25 juillet.
Pont-Audemer.— 7 fév. (8 j.) 28 mars. 16 mai. 2 sept. (8 j.)
Routot.—23 mars. 22 juin. 14 sept.
Rougemoutier.—21 juillet.
Rugles.—4 fév. 13 mars. 25 nov.
St-Nicolas-de-Pont-St-Pierre.—29 juin. 26 déc.
St-André.—20 janv. 1er mai. 8 sept.
St Pierre-de-Cormeilles.—24 août. 23 sept.
St-Georges-Duvièvre.— 29 mars. 3 sept.
St-Germain-Village.—1er sept.
St-Martin-St-Firmin.—26 sept.
Thiberville.—2 mai. 18 oct.
Tourny.—4 juillet. 21 sept.
Verneuil.—14. fév., 4 avr. 4 juill. 4 oct. 21 nov.
Vernon.—19 mars. 25 juill. 8 sept.
Villiers-en-D.—16 mai. 18 sep.

EURE-ET-LOIR.

Aunay.—25 juin.
Auneau.—28 mars. 27 sept. 2 nov.
Authon.—3 mars. 2 juin. 23 août. 24 nov.
Anet.—21 juin. 18 sept.
Brezoells.— 15 avr. 30 nov.
Bonneval.—7 mars. 27 juin. 1er sept. (6 j.) 7 nov.
Brou.—15 mars. 25 juin. 16 sept. 26 nov.
Beaumont-les-A. — 9 fév.
Chartres.—12 mai (10 j.) 25 juin. Tous les jeudis de juill. 24 août (3 j.) 8 sept. (10 j.) 30 nov.
Courville.—Tous les jeudis de Car. 7 avr. 7 juill. 6 oct.
Chateauneuf.—6 juill. (2 j.).

CHATEADUN.—27 janv. 3 mars. 5 mai. 7 juill. (8 j.) 25 août. 27 oct.
Cloyes.—8 janv. 2 avr. 2 juill. 3 nov.
Courtalin.—1er mai 29 août. 27 sept. 25 nov.
Chassant —14 mars. 15 sept.
DREUX.—16 mai. 4 juill. 1er sept. 3 oct.
Epernon.—22 fév. 29 mars, 17 mai. 23 oct. 21 déc.
Gallardon.—9 fév. 18 sept.
ILLIERS.—14 fev. 4 mars. 17-27 juin. 31 nov.
Janville. — 3 mars, 10 juill. 25 oct.
La Ferté-Vid. — 6 janv. 6 oct.
Le Puise. — 22 juill. (2 j.).
La Bazoche. — 9 avr. 24 juin, 9 sep. 12 nov.
La Loupe. — 8 fév. 5 avr. 5 juill. 4 oct.
Maintenon. — 7 fév. 12 sept. 20 déc.
Nogent le-Roi. — 5 fév. 7 mai, 2 juill. 2 sep. 11 nov.
NOGENT-LE-ROTROU. — 19 fév. 7 mai, 25 juin, 13 sept. 29 nov.
Neuvy en-Dunois. — 20 juill.
Ouarville. — 26 fév.
Reuvrai-St- Denis. — 25 mars, 15 août.
Sancheville. — 5 mars, 2 oct.
Senonches. — 16 juin, 26 sept.
St-Lubin-des Jonch. — 27 mars.
Toury. — 9 mai, 9 oct. (2 j.).
Terminiers. — 25 juin, 2 nov.
Voves. — 6 mai.
Ymouville. — 17 mars. 24 juil.

INDRE.

Ardentes-Saint-Martin. — 4 juill. 11 nov.
Ardentes Saint-Vincent. — 22 janv. 21 mai, 1er sept.
Argenton. — 7 janv. 23 mars, 26 avril, 23 mai, 20 juin, 23 juill. 7 août, 10 sep. 6 nov.
Argy. — 29 janv. 29 avril, 8 juill. 24 août, 16 nov.
Aiguerande — 20 janv. 10 fév. 3-23 mars, 7 avril, 6-16 mai. Tous les lund. depuis Pâques jusq. la S.-Jean, 25 juin, 30 juill. 29 août, 14 sept. 28 nov. 28 déc. Tous les lund. depuis le 15 déc. jusqu'au Carnaval.
Bazançais. — 14 fév. 16 mars, 6 mai, 18 juill, 29 sept. 17 déc.

Brion. — 21 sept.
Bagneux. — 20 juin.
La Barthenoux. — 9 sept.
Belabre. — 19 janv. 16 fév. 20 avril, 18 mai, 19 juin, 20 juill. 19 oct. 21 déc.
LE BLANC. — 10 janv. 10 fév. 19 mars, 20 avr. 14 mai, 23 juin, 3 août, 23 sept. 10 nov. (2 j.). 12 déc.
Chabris. — 9 avril, 8 mai.
Crevant. — 9 mai, 23 nov.
CHATEAUROUX. — 12 fév. 30 mai. Tous les samedis de 7 sept. 9 oct. 21 nov. Le 9 de chaque mois.
Châtillon. — 17 janv. 23 fév. 17 avril, 20 mai, 3 juill. 5 se 26 oct. 24 nov. 13 déc.
Clion. — 28 avril, 9-22 juin. 8 nov. 30 déc.
Chantôme. — 17 janv. 3 mai, 17 sept.
Chaillac. — 10 fév. 10 juin.
LA CHATRE. — 5 janv. 19 mars, tous les sam. du 20 mars au 20 nov. 14 mai, 17 juin, 23 août.
Cluis. — 25 janv. 29 mars, 1-25 mai, 30 juin, 28 juill. 27 août, 24 sept. 18 oct. 3-23 déc.
Déols. — 31 mai, 16 août. 29 sept.
Ecueillé. — 4 janv. 1er fév. 26 mars, 11 avr. 12 mai, 11 juin, 11 juill. 1er août. 11 sept. 19 oct. 3 nov. 14 déc.
Ecusson. — 9 fév. 7 mars 22 nov. 18 déc.
ISSOUDUN. — 27 janv. 5 mars. 2 mai, 23 juin, 7-21 juill. 12 sept. 12 oct. 25 nov. 24 déc.
Joulet-St-D. — 27 mai, 5 oct.
Levroux. — 2 janv. 1er mars, 2 mai, 16 juin, 1er-11-juill. 18 sept. 24 oct.
Luçay-le-Mâle. — 15 mai, 3 oct.
Lignac. — 3 janv.
Migné. — 6 sept.
Mers. — 11 mai, 19 sept. 9 nov.
Mézières. — 3 mars, 1er-24 mai, 7 juin, 11 oct. 14 nov.
Martisay. — 2 mai, 3 juin, 13 juill. 13 sept. 16 déc.
Neuvy-St-Sépulcre. — 1er fév. 15 avr. 15 mai, 13 juin, 13 juill. 13 août, 16 sept.
Orsennec. — 3 avr. Tous les sam. du 1er mai au 20 juill. 22 juin, 27 nov.
Préaux. — 25 juill.
Poulaines. — 8 sept.
Palluau. — 19 janv. 3 mai, 9 août, 27 sept. 15 nov.
Prissac. — 30 mai, 12 août, 21 sept. 26 nov.
Rouvres-les-Blois. — 19 août.

Reuilly. — 18 janv. 15 mars, 5 mai, 18 juin, 17 juill. 10 sept. 26 oct. 5 déc.
Rosnay — 25 août, 1er juill.
St-Mareis. — 5 nov.
Sougé. — 6 oct.
St-Christophe-en-B. — 27 juill.
St-Cilles. — 5 sept.
St-Gaulthier. — 14 janv. 14 fév. 15 avr. 10 mai, 15 juin, 6 juill. 15 sept. 29 nov.
St-Aoust. — 8 mai, 12 juill.
St-Chartier. — 5 fév. 4 mai, 55 sept.
St-Christophe-en-Boucherie. — 26 juill.
Ste-Sévère. — 25 janv. Tous les merc. du 20 avr. au 20 août, 18 juill. 18 nov. 26 déc.
St-Benoit-du-Sault. — 4 janv. 4 fév. 4 mars. 4 avril, 4 mai, 4 juin. 9 juill. 4 août, 4 sept. 22 oct. 15 nov. 4 déc.
Tournon-St-Martin. — 22 janv. 25 avril. 31 mai, 7 juill. 18 août, 14 oct. 1er déc.
Valençay. — 12 janv. 7 fév. 1er mass, 4 mai, 4 juill. 15 sept. 9 nov.
Veuil. — 5 sept.
Vatan. — 19 janv. 10 févr. 7 mars. 20 avril. 4-29 juin, 11 août, 26 sept. 20 oct.
Villedier. — 29 août, 28 oct.

PRIX, par an : FRANCE, 6 fr. ; ETRANGER, 8 fr. ; COLONIES, 10 fr.

BUREAUX :

Rue de Grenelle-St-Germain, 39, et chez Mme Breau, libraire, 144, rue du Bac

LA

SANTÉ UNIVERSELLE

GUIDE MÉDICAL DES FAMILLES,
DES CURÉS DE CAMPAGNE, DES INSTITEURS, DES DAMES
de charité et des personnes bienfaisantes

PAR

LE DOCTEUR JULES MASSÉ,

Secrétaire, pendant 15 ans, de Récamier, professeur d'hygiène des Nations ouvrières de Paris, auteur de la *Santé du Peuple*, etc.

La Santé universelle paraît le 10 de chaque mois, à partir d'octobre 185, en une brochure de 64 colonnes grand in-8°, illustrée de nombreuses gravures intercalées dans le texte, avec couverture de couleur imprimée. Chaque livraison renferme la matière de 300 pages environ d'un volume in-8° ordinaire, et de 15 à 20 gravures.

CHAQUE NUMÉRO EST DIVISÉ EN CINQ PARTIES.

1re partie. — SANTÉ. — Conseils aux différents âges. — Préceptes pour chaque saison. — Renseignements pour les diverses professions.

2e Partie. — MALADIE. — Guide des garde-malades. — Traité de médecine maternelle. — Cours complet de médecine naturelle (médecine de ménage). — Secours à donner dans toute espèce d'accidents.

3e Partie. — SPÉCIALITÉS. — Anatomie et physiologie. — Gymnastique. — Dans chaque numéro : dessin d'une plante indigène, description, ses usages.

4e Partie. — PHARMACIE DOMESTIQUE. — Remèdes à bon m. — Recettes populaires.

5e Partie. — RÉCRÉATIONS. — La médecine morale des passions. Récits, exemples, — Science de la physiognomonie. — Nouvelles. — Faits divers.

Nous donnerons ainsi, successivement, divers traités *complets* ayant tous leur utilité pratique et concourant à former pour chaque famille un conseiller, un guide en maladie comme en santé.

Il n'est personne qui ne puisse se trouver dans l'obligation de soulager les souffrances d'autrui par un conseil et par des soins, parfois même de s'établir garde-malade près d'un parent ou d'un ami Il n'est personne par conséquent qui ne soit contraint de faire un peu de médecine ; or, si cette médecine est faite avec intelligence, avec quelques notions élémentaires, elle préviendra bien des imprudences, elle abrégera bien des maladies.

En s'abonnant aux deux premières années (soit 12 fr., 16 fr. ou 20 fr.), on recevra le journal depuis octobre 1851 jusqu'à fin décembre 1853, c'est-à-dire 27 mois au lieu de 24.

Paris, imp. de Poussielgue, Masson et Comp., rue Croix-des-Petits-Champs. 29.

www.ingramcontent.com/pod-product-compliance
Ingram Content Group UK Ltd.
Pitfield, Milton Keynes, MK11 3LW, UK
UKHW020159200726
13856UKWH00003B/1083

9 782011 928276